50 ₣150

De Indiase keuken

Bikash en Marcela Kumar

De Indiase keuken

TIRION-BAARN

Omslagontwerp: Hans Britsemmer
Oorspronkelijke titel: Indisch Kochen
Fotografie: Odette Teubner en Dorothee Gödert
Vertaling: Marthe C. Philipse
Eindredactie: Hennie Franssen-Seebregts
Uitgever: Henk J. Schuurmans

Dit boek werd gepubliceerd door Tirion Uitgevers
Postbus 309
3740 AH Baarn

© Indisch Kochen, 1994 Gräfe und Unzer Verlag GmbH, München
© Voor de Nederlandse taal: 1999 Tirion Uitgevers, Baarn

ISBN 90.5121.857.5
Nugi: 421

Niets uit deze uitgave mag worden verveelvoudigd en/of openbaar gemaakt door middel van druk, fotokopie, microfilm of op welke andere manier ook, zonder voorafgaande schriftelijke toestemming van de uitgever.

INHOUD

Een korte geschiedenis 11

India vandaag 11
De Indiase kookkunst 13
Delhi en het noorden 13
Midden-India 16
West-India en Bombay 20
Oost-India en de Union territories 23
Zuid-India en Madras 25

Een culinair avontuur 29

Koken voor de gezondheid 31
Indiaas keukengerei 35
De originele ingrediënten 36

De recepten 42

Kleine hapjes en dals 42
Vegetarische hoofdgerechten 51

Vlees- en visgerechten 62

Rijst en Brood 72

Salades en chutneys 80

Nagerechten en dranken 86

Register 92

EEN KORTE GESCHIEDENIS

INDIAAS KOKEN

EEN KORTE GESCHIEDENIS

India, een land met een ongelooflijk oude en rijke cultuur, spreekt al eeuwenlang tot de verbeelding. Mensen uit alle delen van de wereld hebben zich door India aangetrokken gevoeld. In de loop der eeuwen zou het land dikwijls te maken krijgen met vreemdelingen: soms stonden er vijandelijke legers aan de grens, vaak ook ging het om handelskaravanen. Gaandeweg ontstond een zeer diverse samenleving van allerlei volkeren, culturen, religies en uiteraard ook culinaire tradities.

Rond 1400 voor Chr. vonden de eerste invasies plaats. Indo-europese nomaden, licht van huidskleur, trokken India binnen en vermengden zich geleidelijk met de donkergetinte inheemse bevolking.

India bestond eeuwenlang uit verschillende koninkrijken, die dikwijls onderling oorlogen voerden. Daarnaast hadden de Indiërs in de loop der tijd veel te lijden van aanvallen van omringende volkeren. In de vierde eeuw voor Chr. drong de machtige Macedonische koning Alexander de Grote met zijn legers door tot in de Indusvallei. Vele oorlogen zouden nog volgen. Tegen het einde van de 12de eeuw viel het gehele noorden van India in islamitische handen. Ook het boeddhisme, een in oorsprong Indiase levensbeschouwing, kreeg grote invloed in India.

In de 15de en 16de eeuw na Chr. maakten de Indiërs kennis met een geheel nieuwe cultuur: Portugese schepen deden de westelijke handelsstad Goa aan. Aan boord hadden zij onder meer Spaanse pepers, een ingrediënt dat weldra onlosmakelijk verbonden zou zijn met de Indiase keuken.

De Portugezen vestigden hier een kolonie en missiepost. Ook Frankrijk vestigde in de 17de eeuw een kolonie langs de oostkust van het Indiase subcontinent.

In de 16de eeuw veroverden de islamitische Mogols het noorden van India; hun invloed strekte zich uit tot ver over de grenzen. Hun rijk was echter niet het eeuwige leven beschoren

Engeland wist geleidelijk steeds meer macht naar zich toe te trekken en voerde uiteindelijk de heerschappij over India. Deze situatie zou ongewijzigd blijven tot ver in de 20ste eeuw.

India vandaag

India is een land dat eeuwenoude tradities paart aan het moderne leven van deze tijd. Dit land, het op zes na grootste ter wereld, is even groot als divers: naast een majestueuze natuur met ongerepte oerwouden, sneeuwbedekte bergen, woestijnen en uitgestrekte zandstranden vindt men hier ook schitterende bouwwerken als de Taj Mahal. In de grote steden staan hoge wolkenkrabbers; toch woont een groot deel van de bevolking nog steeds in sloppenwijken of in een van de vele dorpjes. Op het platteland wordt de ploeg nog vaak met mankracht voortgetrokken, terwijl men in de steden gebruikmaakt van de modernste technologieën.

Op een subcontinent met een oppervlakte van ruim 3 miljoen km^2 leven hier bijna 850 miljoen mensen met de meest uiteenlopende culturen, talen, tinten en overtuigingen. Circa 80 procent van de bevolking is hindoe, 10 procent is moslim; het resterende deel van de bevolking is een mengeling van christenen, sikhs, jains, boeddhisten en parsen. India heeft zeven buurlanden: Pakistan in het noordwesten, Afghanistan en China in het noorden, Nepal en Bhutan in het noordoosten, en Bangladesh en Birma in het oosten. In het zuidwesten wordt India begrensd door de Arabische Zee, in het zuidoosten door de Golf van Bengalen.

In dit uitgestrekte land met zijn wisselende landschappen heersen ook verschillende klimaten. In het noorden van het Indiase subcontinent heerst een koud klimaat, al is het klimaat aan de zuidflank van de Himalaya aanmerkelijk zachter. Hier wordt de beroemde basmatirijst geteeld. Meer naar het zuiden, ter hoogte van Delhi, heerst een landklimaat met extreme temperatuurschommelingen. In dit gebied groeien vele soorten groenten en graansoorten als tarwe en gierst. Het oosten van India kent een vochtig en warm klimaat; de Ganges

INDIAAS KOKEN

zorgt er voor een vruchtbare grond. In het Assamgebergte in het noordoosten zijn de dagen warm en de nachten koud; hier wordt de beroemde Assamthee geoogst. In de zuidelijke streken kent men een tropisch klimaat. Van mei tot juli zorgt de moesson hier voor warm en vochtig weer. Ook in het westen is het klimaat tropisch. De kustwateren zijn rijk aan vis, schaal- en schelpdieren. Langs de kust kan een keur van exotische vruchten worden geoogst. Met een zo grote diversiteit van landschappen, die alle hun speciale producten en specialiteiten kennen, is het niet verwonderlijk dat ook de keuken uiterst divers en veelzijdig is!

In veel Indiase dorpen zijn de lemen huizen versierd met traditionele motieven.

EEN KORTE GESCHIEDENIS

De Indiase kookkunst

De Indiase kookkunst is gebaseerd op duizenden jaren oude culturele en culinaire tradities. In de loop der eeuwen hebben vele volkeren invloed uitgeoefend op India; de Indiase kookkunst is dan ook uiterst kleurrijk.
De Mogol-vorsten hadden veel waardering voor kunst en cultuur en droegen ook bij aan de verfijning van de Indiase keuken. Perzische keukentradities werden moeiteloos opgenomen in de traditionele Indiase keuken; hieruit ontstond een uiterst geraffineerde kookstijl. De Mogol-keuken is beroemd om zijn heerlijke rijst- en vleesgerechten, bereid met yoghurt, amandelen, pistachenoten en saffraan. Met name aan het hof werd koken tot een absolute kunst verheven; en deze beperkte zich niet alleen tot de bereiding, maar ook tot het serveren en garneren van de schotels - soms zelfs met bladgoud! Nog altijd behoren gerechten uit de Mogol-keuken uit Noord-India tot het beste wat het land te bieden heeft. Maar ook de keuken van het zuiden mag er zijn: deze blinkt uit in bijzonder scherpe gerechten.
Hoezeer de culinaire tradities in het Indiase subcontinent ook verschillen, toch is er eenheid in de verscheidenheid. Alle gerechten worden op smaak gebracht met een keur van kruiden en specerijen, die bovendien op zeer diverse manieren worden gebruikt.

Kruiden en specerijen hebben niet alleen een eigen smaak maar ook specifieke eigenschappen en geneeskrachtige werkingen. Kruiderij wordt dan ook niet uitsluitend voor een aangename smaak toegepast, maar ook om bijvoorbeeld de spijsvertering te bevorderen, een maag die van streek is te kalmeren, of de mond te verfrissen. Men onderscheidt warme en koude specerijen, die het lichaam verwarmen of juist verfrissen. Alle regionale Indiase keukens gaan uit van zes smaken (*rasa's*) die in iedere maaltijd naar voren dienen te komen. Deze zes smaken, zoet en zuur, scherp en bitter, wrang en zout dragen alle bij tot een aangename en harmonieuze maaltijd. Het effect wordt versterkt doordat alle gerechten tegelijk geserveerd worden op een groot dienblad, de *thali*. Zo'n dienblad bestaat veelal uit rijst met diverse bijgerechten en brood. Op dit thema valt eindeloos te variëren. Met de authentieke Indiase recepten in dit boek kunt u zelf een echte Indiase maaltijd samenstellen; of u de gerechten nu serveert op een *thali* of gewoon in uw eigen serviesgoed, en of u rekening houdt met alle zes de smaken of gewoon bereidt wat u lekker vindt, het resultaat zal zeker overheerlijk zijn!

Delhi en het noorden

'Als er een paradijs op aarde is, dan is het hier...' Zo zou een 16de-eeuwse Mogol-veroveraar gesproken hebben toen hij zijn oog liet dwalen over het dal van Kasjmir. Dit gebied in het uiterste noorden van India heeft een uniek landschap. Met sneeuw bedekte bergen, sommige meer dan 8000 meter hoog, worden afgewisseld met groene dalen waarin kabbelende bergbeekjes zich slingeren door lieflijke bloemenweiden. Het mag dan ook geen wonder heten dat de islamitische Mogol-vorsten hier in de 16de eeuw neerstreken. De hoofdstad van Kasjmir, Srinagar, werd hun bolwerk. Deze eerbiedwaardige oude stad bevindt zich te midden van hoge bergen en glinsterende meren. De Mogols, die een hoog ontwikkeld gevoel voor schoonheid hadden, legden in dit gebied zelfs schitterende tuinen aan. Kasjmir is ook vandaag de dag nog steeds een islamitisch gebied.
Meer naar het zuiden ligt Himachal Pradesh, een gebied met bloeiende weilanden, dennenwouden en schilderachtige bergdorpjes. In dit mooie gebied ligt ook het Kuludal, dat met recht het dal der goden heet. Het uitzicht is er uitzonderlijk mooi. Hoewel het in de Himalaya ligt, is het vrij goed toegankelijk. Ten zuidwesten van Himachal Pradesh liggen de deelstaten Punjab en Haryana. Tezamen vormen zij het vijfstromen-

13

In de pelgrimstad Hardwar wassen gelovige hindoes zich in de Ganges alvorens de Daksheswara-tempel te betreden.

land, een zeer vruchtbaar gebied waar veel tarwe, gerst, rijst, maïs en gierst wordt verbouwd. Het wordt daarom ook wel de graanschuur van India genoemd. Ook mosterd is hier een belangrijk product; in het voorjaar zijn de velden overdekt met een geel waas van mosterdbloemen. Het merendeel van de bevolking leeft van de landbouw. Chandigarh is de hoofdstad van beide staten. Deze uiterst moderne Indiase stad is ontworpen door de Franse architect Le Corbusier. Door de geometrische opzet en gebouwen van beton en glas biedt deze stad een verrassend contrast met haar landelijke omgeving. Een ander hoogtepunt in dit gebied is de Zakir Hoesseintuin, een der mooiste rozentuinen van Azië. In de wintermaanden is deze tuin op zijn mooist.
Ten zuiden van Haryana ligt de hoofdstad van India: Delhi. Met haar 8,3 miljoen inwoners is Delhi de op twee na grootste stad van India. Het zuidelijke stadsdeel, Nieuw-Delhi, werd in 1911 als tuinstad aangelegd door de Engelsen, toen zij het rijksbestuur van Calcutta hiernaartoe verplaatsten. Sinds 1947, toen India onafhankelijk werd, is Delhi de hoofdstad van de republiek India en de zetel van de democratische regering. Delhi is een moderne stad maar heeft ook een mooi oud centrum met schitterende moskeeën en het beroemde Rode Fort, de ommuurde residentie van de

EEN KORTE GESCHIEDENIS

Mogols, gebouwd in de 17de eeuw. Dit schitterende complex biedt ruimte aan paviljoens, tuinen, moskeeën, badhuizen en privé-vertrekken van de Mogol-vorsten. Vlak daarbij ligt de legendarische Chandi-Chauk ofwel Zilverstraat, een van de 'kostbaarste' straten ter wereld, van oudsher de straat waar goud- en zilversmeden hun winkels hadden. In alle straten van de oude stad krioelt het van mensen van velerlei nationaliteiten; het aroma van specerijen vermengt zich met de geur van oosters reukwater en bloemen. Straatverkopers brengen de hele dag door hun zoete hapjes aan de man; in allerlei kraampjes en winkeltjes verkoopt men zoete en hartige hapjes die er buitengewoon appetijtelijk uitzien.

De keuken van deze noordelijke streken, ook wel de Mogol-keuken genoemd, is de beroemdste kookstijl van India.

Karakteristieke ingrediënten van de noordelijke keuken zijn yoghurt, mosterdolie en anijszaad. Veel gerechten worden gebakken in de *tandoor*, een tonvormige leemoven. Bij alle gerechten wordt zelfgebakken brood geserveerd, en op hoogtijdagen geniet men van de geurige basmatirijst. Voor de dagelijkse maaltijd eet men vaak bonen en allerlei soorten linzen. Andere beroemde schotels uit het noorden zijn *Rogan josh*, een rode lamsvleesstoofschotel, en *Biriyani*, een rijstschotel.

Een van de belangrijkste feesten in Noord-India is Hili, een lentefeest dat in februari of maart uitbundig gevierd wordt. Ieder besprenkelt zich met gekleurd water, liefst roodgekleurd omdat dit de gelukskleur is. In veel steden laat men het ook kleurig poe-

Riksja's, driewielige taxi's en ossenkarren in het drukke Delhi.

INDIAAS KOKEN

der regenen, tot alles en iedereen bedekt is met eenzelfde kleur. Dergelijke rituelen verzinnebeelden de eenwording van het individu met de menigte.

Midden-India

De drie deelstaten Rajasthan, Uttar Pradesh en Madhya Pradesh vormen samen het gebied dat met Midden-India wordt aangeduid; toch is het landschap uitermate afwisselend. Zo bestaat Rajasthan grotendeels uit woestijnland, terwijl Madhya Pradesh uit bosrijke hoogvlakten en bergland bestaat.
De hoofdstad van Rajasthan, Jaipur, is omgeven door een middeleeuwse stadsmuur met zeven poorten. Met name 's avonds is de stad schitterend om te zien. De rode zandsteen, die gebruikt is als bouwmateriaal voor huizen en andere gebouwen, vangt 's avonds het kunstlicht op, waardoor de stad in een dieproze licht lijkt te baden. Jaipur wordt daarom ook wel de Pink City genoemd. Een absoluut hoogtepunt van deze stad is de Hawa Mahal, het Paleis der Winden: een paleis van vijf verdiepingen hoog, met 953 vensters; door deze vensters konden de hofdames het straatgebeuren bespieden zonder zelf te worden gezien.
Misschien juist omdat het landschap van Rajasthan zo dor en droog is, viert men hier kleurrijke feesten. Gedurende de regentijd, van juni tot juli, kent men het vrouwenfeest Teej ter ere van de godin Parvati, de echtgenote van

Bedelmonniken in Varanasi leven van de giften van pelgrims.

Shiva. Alle vrouwen dossen zich uit in hun mooiste en kleurigste kledij, waarbij de fraaiste sieraden worden gedragen. In uitbundige processies trekt men door de stad.
Ten oosten van Rajasthan en omgeving ligt de deelstaat Uttar Pradesh. Misschien wel de bekendste Indiase stad na

Groente, graan of wasgoed: de Rajasthaanse vrouwen dragen alles op hun hoofd.

EEN KORTE GESCHIEDENIS

Delhi is Varanasi (Benares), in het oosten van de deelstaat. Voor hindoes is Varanasi een van de heiligste plaatsen van India. Jaarlijks trekken 1 miljoen pelgrims naar Varanasi om er te baden in de heilige rivier de Ganges; zij geloven dat het stromende water hun zonden wegwast. Reeds lang voor zonsopgang dalen duizenden pelgrims de trappen af aan de westelijke rivieroever om zich ritueel te wassen in de Ganges en te bidden. Na dit ritueel bezoeken zij een tempel om er bloemen en zoetigheden te offeren. Maar ook de inwendige mens hoeft niet vergeten te worden: vlakbij liggen de 'Straten van de gefrituurde broodjes', waar men voor weinig geld *Puri*, gefrituurd volkorenbrood, of *Kotchuri*, gevulde en gefrituurde *Chapati* kan kopen. In de talloze kleine steegjes van de oude binnenstad is allerhande koopwaar verkrijgbaar. Met name de brokaat- en zijdehandelaars doen hier goede zaken. Merkwaardig genoeg bevindt zich vlak bij dit beroemde hindoe pelgrimsoord ook een heilige plaats van de boeddhisten. Op slechts 10 km afstand van Varanasi ligt Sarnath, de plaats waar volgens de overlevering Boeddha 2500 jaar geleden voor het eerst predikte na het bereiken van de Verlichting.

Meer naar het westen ligt de stad Agra: een van de meest bezochte steden van India. Hier staat de wereldberoemde Taj Mahal, een monument van liefde. De Mogol-vorst Jahan liet in de 17de eeuw de Taj Mahal bouwen als mausoleum voor zijn diepbetreurde lievelingsvrouw. Ruim 20.000 bouwvakkers hadden 22 jaar werk om dit schitterende bouwwerk te voltooien. De glans van het

Iedere morgen dalen pelgrims in Varanasi de trappen af naar de heilige rivier de Ganges, om in het water hun zonden af te wassen.

17

INDIAAS KOKEN

Op de markt in Rajasthan bereidt deze vrouw verse chapati's.

Mogol-tijdperk hangt nog altijd over de nauwe straten van de oude binnenstad van Agra. Hier verkopen edelsmeden hun fraaie handwerk, dat nog steeds in de klassieke Mogol-stijl wordt uitgevoerd; ook kan men hier inlegwerk van marmer kopen. Culinaire specialiteiten van deze stad zijn *Petha*, een zoete snack van courgette, en *Dalmoth*, gebakken kikkererwten. Daarnaast kent de Mogol-keuken veel heerlijke vleesschotels. Verder kent deze deelstaat beroemde streekgerechten als *Korma*, lamsvlees in amandelsaus, en diverse vleesspiesjes.

Madhya Pradesh is de grootste deelstaat van India. Het landschap bestaat voornamelijk uit bergen en hoogvlakten die met een woest oerwoud begroeid zijn. De jungle van de Mahadeo-heuvels is het decor van de beroemde jungleboeken van Rudyard Kipling. Nog steeds leven hier in reservaten tijgers, panters en Indische buffels. De bevolking hier is vriendelijk en gastvrij. Specialiteiten van de streek zijn onder meer *Sabzi chop*, groentebeignets, en *Mooli*, geroosterde rammenas.

*Rechts:,
Taj-Mahal, praalgraf in de stad Agra, gebouwd tussen 1630 en 1652 in opdracht van de Mogol-keizer Sjah Djahan voor zijn gemalin Moemtaz-i-Mahal, die in het kraambed stierf.*

EEN KORTE GESCHIEDENIS

INDIAAS KOKEN

Voor het bepalen van de huwelijksdag, maar ook om te weten te komen op welke dag men het beste een contract kan afsluiten, benadert men altijd een astroloog.

West-India en Bombay

Tot West-India worden drie deelstaten gerekend: Gujarat, Maharashtra en het veel kleinere Goa.
Gujarat, de meest westelijk gelegen deelstaat van India, steekt voor een groot deel uit in zee. Het is dan ook bij uitstek het gebied waarheen vreemde volkeren met hun schepen koers zetten. Reeds in de oudheid had men handelscontacten met onder andere Griekse en Romeinse kooplieden: met name zijde en brokaatstoffen vonden op deze wijze hun weg naar Europa. Handelslieden van allerlei nationaliteiten brachten rijke waren mee, maar beïnvloedden dit gebied tevens met hun taal, cultuur, godsdienst en gedachtegoed. Nergens in India vindt men een zo diverse bevolking als hier. Aangezien Gujarat van oudsher veel handelsbetrekkingen had, stelt de bevolking zich meer dan elders in India open voor nieuwe invloeden; toch houdt men hier ook krachtig vast aan oude tradities.
Niet alleen de handel is een belangrijke bron van bestaan in Gujarat. De grond is zeer vruchtbaar, zodat er tarwe, pinda's, bananen en katoen kan worden verbouwd. Daarnaast is nog steeds de textielindustrie een van de belangrijkste bronnen van bestaan in dit gebied. De voormalige hoofdstad Ahmedabad is het voornaamste textiel- en handelscentrum van West-India. Ook de visvangst is van groot belang. Veel gerechten uit deze streek zijn dan ook visschotels. Daarnaast kent dit gebied ook veel vegetarische gerechten; dit is te danken

EEN KORTE GESCHIEDENIS

aan het feit dat een deel van de bevolking strikt vegetarisch leeft. Deze streng gelovige hindoes eten hoofdzakelijk rijst, volkorenbrood, eiwitrijke peulvruchten en diverse soorten groenten, die vaak met kokos worden bereid, zoals *okra's* met kokosmelk. De vegetarische schotels zijn vrij mild van smaak: scherpe kruiderij wordt doorgaans vermeden.
De deelstaat Maharashtra ligt ten zuiden van Gujarat. De hoofdstad, Bombay, is met haar 12,5 miljoen inwoners de grootste stad van India en het financiële, economische en industriële centrum bij uitstek. Bovendien is in Bombay de Indiase filmindustrie gevestigd. Evenals veel andere havensteden is Bombay een trefpunt van allerlei volkeren en culturen. De aanwezigheid van hindoes, christenen, joden, boeddhisten, parsen en jains maakt dat het leven in deze metropool uiterst kleurrijk en divers is. Ook de keuken van Bombay heeft een uitgesproken eigen karakter. Een specialiteit uit deze keuken is *Bhel pooris*, krokante, kruidige chips van tarwe, linzen en groenten, op smaak gebracht met kruiderij.
In augustus of september viert men grootse feesten ter ere van Ganesha, de godenzoon met het olifantshoofd. Met name in Bombay wordt dit feest uitbundig gevierd. Ieder

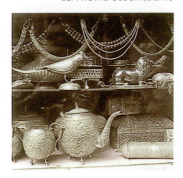

Talrijke winkels bieden hun kostbare zilverwaren aan.

Deze winkel verkoopt kostbare zijden stoffen aan welgestelde Indiërs en toeristen.

jaar worden miljoenen mensen aangelokt door de feestelijkheden. Tien dagen lang worden er offers gebracht; daarna laten de gelovigen beelden van Ganesha in de zee zinken.
Eveneens in de deelstaat Maharashtra vindt men de beroemde tempels van Ajanta en Ellora, met hun prachtige, goed bewaard gebleven beeldhouwwerken en fresco's. Deze tempels hebben niet alleen voor hindoes maar ook voor boeddhisten en jains een religieuze betekenis.
Ten zuiden van Bombay, op de grens bij Karnataka, ligt de deelstaat Goa, voorheen een Portugese kolonie. Nog steeds is de christelijke invloed in dit hindoeïstische gebied zeer duidelijk aanwezig. Behalve door zijn schilderachtige stadjes met witgekalkte kerken worden toeristen vanuit de hele wereld aangetrokken door de sprookjesachtige witte zandstranden. De Portugese invloed heeft zich niet alleen beperkt tot de missie, maar is ook nog merkbaar in de kookkunst van dit gebied. Dit vergt wel het oog van een kenner, aangezien men hier vandaag de dag slechts weinig Europese gerechten bereidt in hun oorspronkelijke vorm. Dit geldt met name de kruiderij: Indiërs gebruiken veel meer specerijen dan Europeanen. De gerechten uit Goa zijn dan ook behoorlijk pittig gekruid. Ook de beroemde hete Vindaloocurry's vinden hun oorsprong in dit gebied.

Langs de oostkust van Orissa bevinden zich veel dorpjes waar vis wordt gedroogd.

EEN KORTE GESCHIEDENIS

Oost-India en de Union Territories

Het oosten van India kan worden verdeeld in twee gebieden: enerzijds een gebied dat gevormd wordt door de deelstaten Bihar, West-Bengalen en Orissa, anderzijds door acht kleine provincies die tezamen de Union Territories vormen.

De deelstaat Bihar wordt ook wel het land van Boeddha genoemd. Het was in de kleine stad Bodhgaya dat prins Siddharta Gautama 2500 jaar geleden na langdurige meditatie onder een vijgenboom de staat van verlichting bereikte. Vanaf dat moment was zijn naam Boeddha, ofwel 'de Verlichte'. Op 36-jarige leeftijd trok hij de wereld in om zijn boodschap uit te dragen. Zijn laatste toespraak hield hij in Vaishali, ten noorden van Bihar. Ieder jaar trekken talloze boeddhistische pelgrims naar deze beide heilige plaatsen. Ook hindoes beschouwen deze plaatsen als heilig, aangezien zij de Boeddha beschouwen als een incarnatie van hun God Vishnu. Maar ook in andere opzichten heeft Bihar een oude geschiedenis; de hoofdstad Patna, waar de rivieren de Sone, Punpun en Ganges samenkomen, geldt als een van de oudste steden ter wereld.

Ten zuiden van Bihar ligt de deelstaat Orissa. Het landschap is afwisselend: behalve groene rijstvelden en plantages met kokospalmen en cashewbomen heeft men hier ook de lange kustlijn van de Golf van Bengalen, waar een overvloed van vis, schaal- en schelpdieren wordt gevangen. Naast de vele dorpen, waar de bevolking nog steeds in eenvoudige lemen hutten woont, zijn er ook moderne grote steden. De hoofdstad Bhubaneshwar is tevens de 'tempelstad' van India; in het verleden bevonden zich hier 7000 voornamelijk hindoeïstische tempels. Vandaag de dag zijn er nog 'slechts'

De keuze is beperkt bij dit kraampje in Puri, maar de kwaliteit laat niets te wensen over.

INDIAAS KOKEN

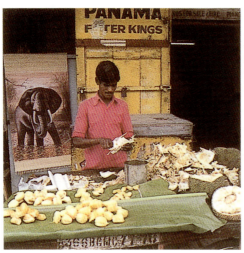

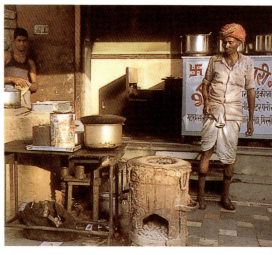

Een straatventer verkoopt stukken nangka (jackfruit) die als tussendoortje worden gegeten.

Naast de tandoor staat een draagbaar kolenfornuis voor de picknick.

500 in functie. Puri, een stad aan zee, is een van de heiligste plaatsen van de hindoes, maar ook een aantrekkelijke badplaats met fantastische stranden.
Net als elders in India worden in dit gebied veel religieuze feesten gevierd. Zeer indrukwekkend is het Rath-Yathrafeest dat in juni of juli plaatsvindt in Puri. Tienduizenden pelgrims komen bijeen om de hindoe-god Vishnu te vereren. In processie trekt men door de stad met schitterende pronkwagens, waarop beelden van de godheid worden geplaatst.
Meer naar het oosten ligt de deelstaat West-Bengalen, die zich uitstrekt van de Himalaya tot de Golf van Bengalen. De hoofdstad, Calcutta, is met 11 miljoen inwoners de op één na grootste stad van India. Deze stad vindt haar oorsprong in een in de 17de eeuw door de Engelsen gesticht handelscentrum. Er werd een fort gebouwd om de East-India-Company onder te brengen. Na verloop van tijd ontstond hieromheen een nederzetting; rond 1700 was er al sprake van een stad. Calcutta is een van de belangrijkste handelshavens van Azië, en tevens een belangrijk handels- en industriecentrum. Zo wordt in Calcutta bijvoorbeeld veel thee verhandeld. Daarnaast is deze stad ook een levendig centrum voor kunst en cultuur. Kunstenaars uit de hele wereld worden aangetrokken door het culturele leven. Helaas heeft het leven in deze grote metropool ook zijn schaduwzijden. De drukte van het grotestadsleven kan gemakkelijk ontaarden in chaos. Het verkeer lijkt vaak een maalstroom van toeterende auto's en bussen, waartussendoor ook riksja's en straatventers zich nog een weg trachten te banen. En niet iedereen plukt de vruchten van de welvaart: Calcutta herbergt ook een onafzienbare menigte in lompen gehulde bedelaars.
De keuken van Calcutta is vooral beroemd om zijn uitstekend gebak: met name *Gulag jamun*, melkpoederballetjes die in siroop gedrenkt worden zijn meer dan verrukkelijk. Andere regionale gerechten uit deze deelstaat zijn gerechten met zoetwater- en zeevis. Met name de mosterdsaus waarmee vis wordt geserveerd is buitengewoon lekker.
De acht kleine provincies in

het uiterste oosten, verenigd in de Union Territories, zijn vrijwel ontoegankelijk voor buitenlanders. Assam is beroemd om de uitstekende soorten thee die hier geoogst worden. Nagaland en Mizoram worden bewoond door bergvolkeren. Verder behoren tot dit gebied het boeddhistische Sikkim en vier deelstaten met een mooi en bergachtig landschap: Meghalaya, Arunachal Pradesh, Manipur en Tripura. De bevolking is van een grote etnische en culturele diversiteit.

Zuid-India en Madras

Zuid-India ligt dicht bij de evenaar; het klimaat is er dan ook tropisch warm. De grond is vruchtbaar en dankzij de moessonregens die tweemaal per jaar vallen, leent het land zich zeer goed voor landbouw. De bevolking van Zuid-India is zeer gesteld op feesten en festivals. Gedurende bijna vijf maanden per jaar vinden hier bijna dagelijks religieuze toneel-, dans- of zangvoorstellingen plaats. Bekend en beroemd zijn de mythologische verhalen over goden, helden en demonen die door middel van zang en dans worden uitgebeeld. De ritmische, meeslepende muziek, de kleurrijke kostuums en de elegantie van de dansers en danseressen maken dergelijke opvoeringen tot een betoverend en onvergetelijk schouwspel.

De meest noordelijke deelstaat in dit gebied is Andhra Pradesh. De hoofdstad, Hyderabad, is gelegen op een hoogvlakte bij de rivieren Krishna en Godavari. Dankzij deze gunstige positie kon Hyderabad zich al eeuwen geleden ontwikkelen tot belangrijke handels- en industriestad. Hyderabad is het enige moslimbolwerk in dit gebied. De keuken is sterk beïnvloed door de Mogol-keuken uit het noorden; dit is niet verwonderlijk, aangezien het enorme rijk van de Mogols zich vroeger tot hiertoe uitstrekte. De gerechten worden rijkelijk van kruiderij voorzien.

Meer naar het westen toe ligt Karnataka. Het landschap

Elk theeblad wordt met de hand geplukt.

INDIAAS KOKEN

Een vertrouwd beeld in Kerala: witgeverfde kerkjes temidden van prachtige palmhagen.

gaat geleidelijk over van een bergachtig gebied, de Dekkan-hoogvlakte, in het oosten, tot een smalle, vruchtbare strook land langs de kust. Het bergland met zijn tropische regenwouden kent een intensievere regenval dan de meeste gebieden van India. De regenwouden vormen het woongebied van de beroemde Indische olifanten.

Ten zuiden van Karnataka strekt zich de deelstaat Kerala uit. In dit mooie gebied met zijn weelderige begroeiing leven hindoes, moslims, christenen en joden vreedzaam bijeen. De vruchtbare grond is uiterst geschikt voor rijstbouw; mede dankzij de overvloedige regenval kan driemaal per jaar geoogst worden. Omdat een groot deel van de bevolking een vegetarische leefwijze heeft, kent de plaatselijke keuken een overvloed aan gerechten met rijst en groenten. Aan de kust echter worden veel vis, schaal- en schelpdieren in gerechten verwerkt, vaak met een kokossaus. Kerala trekt al sinds de grijze oudheid kooplieden uit de hele wereld; zij waren zeer geïnteresseerd in de exotische kruiden en specerijen die hier inheems waren. Zwarte peper, kaneelbast, kardemom, nootmuskaat, foelie en andere specerijen werden vanuit dit gebied verscheept naar verre landen. Twee ingrediënten zijn bij uitstek karakteristiek voor de keuken van Kerala en geven de streekgerechten een heel specifiek aroma: het aromatische kerrieblad en de kokosnoot. Ook wat dranken betreft heeft het land veel te bieden. Lang de Nilgiri-bergketen strekken zich zachtglooiende dalen uit, overdekt met groene theestruiken. In dit gebied verbouwt men ook koffie, een drank die in Zuid-India veel gedronken wordt.

Ten oosten van Kerala ligt de deelstaat Tamil Nadu. De Tamils, een gastvrij en openhartig volk, hebben een hoog ontwikkelde cultuur die teruggvoert tot de beschaving van de oudste bewoners van het Indiase subcontinent. De meeste Tamils zijn hindoes.

EEN KORTE GESCHIEDENIS

Bontbeschilderde sculpturen van goden en godinnen sieren de Minakshitempel in Madurai.

Religieuze gebruiken en tradities spelen evenals elders in India een belangrijke rol in hun leven. Vooral de huwelijks- en sterfdag worden met veel ritueel omgeven.
De hoofdstad van Tamil Nadu, Madras, is de op drie na grootste stad van India. In het verleden was Madras een van de pijlers van de Engelse kolonisatie. Het Fort St. George herinnert nog aan die tijd, en de vele 17de-eeuwse Engelse gebouwen bepalen nog altijd het straatbeeld in de oude stad. Overigens deden niet alleen de Engelsen hun invloed gelden in dit gebied: hier bevond zich ook de Portugese vestiging Sao Tomé, genoemd naar de nabijgelegen Thomasberg waar de apostel Thomas volgens de legende de marteldood gestorven is. Madras heeft een relatief rustig karakter en kent slechts in beperkte mate problemen als overbevolking en armoede. Behalve een belangrijke havenstad is Madras ook een belangrijk centrum voor het culturele leven. De oude stadskern, George Town, is een levendige wijk met veel winkels en drukke marktstraten. Iets ten zuiden hiervan ligt de Kothawal Chavadi, een belangrijke markt voor groente en vruchten. Enkele culinaire specialiteiten van de streek zijn *Dosa's*, heerlijk gevulde pannenkoekjes, en *Idli*, gestoomde gekruide koek van rijste- en linzenmeel. Veel gerechten worden met sesamzaad gekruid.
Behalve Engelsen en Portugezen kregen ook Fransen vaste voet aan de grond in dit gebied. 160 km ten zuiden van Madras ligt Pondicherry, de voormalige hoofdstad van de Franse kolonie in India. Na een periode van 250 jaar Frans bestuur behoort de stad sinds 1954 weer tot Indiaas grondgebied. De Franse invloed is echter vooral wat de architectuur betreft nog zeer goed merkbaar; men waant zich haast in een Frans stadje.

EEN CULINAIR AVONTUUR

Koken voor de gezondheid

De Indiase keuken vindt zijn oorsprong in de religieuze opvattingen en cultuur van het hindoeïsme. Hindoes geloven in wedergeboorte, en houden rekening met de mogelijkheid dat hun ziel en geest na hun dood opnieuw geboren kunnen worden in het lichaam van een dier. Om die reden eten veel hindoes geen vlees. Ook het doden van een dier dient te worden vermeden, aangezien men op die manier een slecht karma op zich laadt. Overigens heeft het mijden van vlees ook een praktische oorsprong: vlees, gevogelte en vis zijn voor het merendeel van de bevolking altijd onbetaalbaar geweest. Opslag van vlees was vanwege de hitte vaak onmogelijk. Zo kon zich door de eeuwen heen een vegetarische keuken ontwikkelen; en het gemis aan vlees wordt volledig gecompenseerd door de diversiteit en de boeiende kruiderij. Uiteraard heeft deze traditionele kookkunst in de loop der tijden enige wijzigingen ondergaan. Zo kent men bijvoorbeeld ook de Mogolkeuken, een samensmelting van elementen uit de vegetarische hindoekookkunst en de islamitische keuken, waar veel gebruikgemaakt wordt van vlees. Ook in de kustgebieden werd graag vis gebruikt in de keuken. Maar hoewel deze andere kookstijlen niet exemplarisch zijn voor de 'echte Indiase keuken', hebben ze hiermee toch de verfijnde en gevarieerde kruiderij gemeen. De dagelijkse maaltijd is in India meer dan uitsluitend voeding om het lichaam in stand te houden. Gelovige hindoes beschouwen voedsel als een geschenk van de goden. Nog steeds brengen gelovigen voedselofferandes in de vele

Verse vruchten, groenten en specerijen geven Indiase gerechten een verfijnde smaak maar leveren ook belangrijke voedingsstoffen en vitaminen.

tempels die het land rijk is. Zo'n offer kan bestaan uit rijst, of specerijen, melk en zoetigheden. In de tempels hangen enorme lampen die gevuld worden met *ghee*, geklaarde boter die ook in de keuken wordt gebruikt om te bakken en te frituren.

De opvatting dat voeding meer is dan een bron van bouw- en brandstoffen is gebaseerd op religieuze tradities maar ook op de eeuwenoude kennis van de geneeskrachtige werking van verschillende voedingsmiddelen, kruiden en specerijen. Daarom eet men in India niet alleen om de honger te stillen, maar ook om lichaam en geest in volmaakt evenwicht te brengen. Deze staat van harmonie bereikt men door een nauwgezette keuze en combinatie van alle ingrediënten die deel uitmaken van de dagelijkse maaltijd. India is de bakermat van de ruim 2000 jaar geleden ontwikkelde Ayurvedische geneeskunde. Het woord Ayurveda stamt uit het Sanskriet: *ayus* betekent leven en *veda* is kennis. Deze traditionele Indiase geneeskunde is misschien wel de oudste geneeskunde ter wereld. Het is een holistische natuurgeneeskunde die er van uitgaat dat gezondheid de natuurlijke staat van het lichaam is; en met gezondheid wordt bedoeld dat geest, ziel, lichaam en omgeving met elkaar in harmonie zijn. Zodra deze harmonie op enig gebied verstoord wordt, past men ayurvedatherapie toe: er kan gekozen worden voor behandeling met een dieet, kruiden-

mengsels, kruidenthee en aromatherapie, maar ook kan men kiezen voor verschillende massagetechnieken, lichamelijke oefeningen en baden. Het eigenlijke doel van deze geneeswijze is klachten te voorkomen door het geestelijk en lichamelijk evenwicht zorgvuldig in stand te houden. Hierbij kan de dagelijkse maaltijd een belangrijke rol spelen. Reeds bij de bereiding van de gerechten dient men erop te letten dat de voedingsmiddelen en kruiderij de gezondheid bevorderen. Moeilijk verteerbare ingrediënten worden gekruid met specerijen die maken dat de voedingsstoffen beter kunnen worden opgenomen door het lichaam. Peper, een bestanddeel van veel specerijenmengsels, is een probaat middel te-

gen spijsverteringsproblemen. Venkel heeft eveneens een gunstige uitwerking op de spijsvertering; bovendien krijgt men door na de maaltijd op venkelzaad te kauwen een frisse adem. Venkelzaad is dan ook een van de kruiden van *pan masala*, een kruidenmengsel dat na het eten wordt geserveerd. Venkelthee helpt tegen gespannen zenuwen en slaapstoornissen. Zo heeft iedere specerij zijn specifieke eigenschappen en geneeskrachtige werking. Gember wekt de eetlust op; kruidnagel versterkt het hart; basilicum heeft een ontspannende werking. Kaneel daarentegen werkt opwekkend; in warme dranken helpt het tegen verkoudheid. Een pasta van kurkuma wordt zowel in- als uitwendig gebruikt

Gemalen chili, kurkuma en komijn: enkele van de meest gebruikte specerijen uit de Indiase keuken.

EEN CULINAIR AVONTUUR

Met deze simpele molen perst een boer in Rajasthan olie.

bij diverse huidziekten. Behalve een geneeskrachtige werking kunnen specerijen ook verwarmende of verkoelende eigenschappen hebben. Gember, laurier, zwarte kardemom en kaneel zijn warme kruiderijen: deze brengen inwendige warmte teweeg. In het kille Kasjmir drinkt men daarom graag thee die met deze specerijen op smaak gebracht is. Veel kruiden en specerijen hebben ook meerdere eigenschappen en toepassingen. Saffraan bijvoorbeeld wekt de eetlust op en stimuleert de levensenergie; daarnaast kan deze specerij ook gebruikt worden om gerechten een verfijnd aroma en een mooie gele kleur te verlenen. Dat is het fascinerende van de Indiase keuken: een gezonde maaltijd, die lichaam en geest in de juiste balans kan brengen, maar die bovendien het verhemelte streelt en telkens weer verrast door de diversiteit van smaken en aroma's.

INDIAAS KOKEN

In Rahasthan worden enorme hoeveelheden Spaanse pepers geoogst.

EEN CULINAIR AVONTUUR

Hier zijn enkele stuks Indiaas keukengerei afgebeeld: linksboven een chapati-pan, daaronder een sil en batta, vooraan een karhai, daarnaast een kokosrasp, midden de rasp een vijzel en rechtsboven een zeef met verschillende inzetstukken.

Indiaas keukengerei

Voor de bereiding van Indiase gerechten kunnen in de meeste gevallen gewone potten en pannen, snijplanken en dergelijke worden gebruikt. De specerijen kunnen in een keukenmachine worden fijngemalen; in de Indiase keuken gebruikt men hiervoor een maalsteen of vijzel. Kleine hoeveelheden specerijen of noten kunnen het beste fijngemalen worden in een elektrische koffiemolen, en natuurlijk ook door ze fijn te stampen in een vijzel. In veel toko's is speciaal keukengerei te vinden. Enkele voorbeelden hiervan zijn afgebeeld op deze pagina.
De chalni of charni is een ronde, tamelijk vlakke en fijne zeef van hout of metaal. Deze wordt in India gebruikt voor het zeven van meel.
De hamal-dista is een vijzel die gebruikt wordt voor het fijnwrijven van gedroogde specerijen. Indiase vijzels zijn gemaakt van harde steensoorten of van metaal.
De karhai is een soort Indiase wok met een ronde bodem. Deze pan wordt gemaakt van gietijzer en is verkrijgbaar in verschillende maten. De pan is vooral geschikt om in te frituren omdat er dankzij de ronde vorm minder vet nodig is dan in een gewone pan.
De narial kas is een kokosrasp; deze heeft een kop die uit halfronde, scherpe, getande mesjes bestaat.
De sil en batta worden gebruikt om specerijen fijn te malen. De sil is een stenen plaat van circa 10 cm dik; de batta is een stenen roller. De specerijen worden eerst geweekt in een kom water en daarna verschillende keren fijngemalen.
De tawa is eveneens een gietijzeren pan; deze heeft een licht ronde bodem en is ideaal voor de bereiding van plat brood (chapati).

INDIAAS KOKEN

De originele ingrediënten

Kruiden en specerijen

De kruiden en specerijen uit de Indiase keuken zijn zo rijkgeschakeerd als het palet van een schilder: vaak worden er meer dan dertig soorten gebruikt. In de Indiase kookkunst kan een enkele specerij door verschillende behandelingen, zoals fijnmalen, roosteren of smoren in vet, verschillende smaakeffecten krijgen; bovendien kan ook een combinatie van verschillende specerijen worden gebruikt. Door deze unieke manier van specerijen toepassen is de Indiase keuken zo uitzonderlijk rijk aan aroma's.

Anijs
(Mithi sounf)
wordt in India meestal na de maaltijd geserveerd om de spijsvertering te bevorderen.

Asafoetida
(Hing)
Deze specerij, vanwege haar doordringende geur ook wel duivelsdrek genaamd, wordt gewonnen uit de wortel van de *Ferula asafoetida*. Volgens sommigen heeft de specerij een geneeskrachtige werking, bijvoorbeeld bij winderigheid, maagkrampen en koliek. Vanwege deze heilzame eigenschappen, en ook om de krachtige geur, wordt asafoetida slechts spaarzaam toegepast.

Curry
Het Engelse woord curry is gebaseerd op het Indiase woord kari: dit betekent kruidensaus. In de Indiase keuken wordt met de term curry geen kant-en-klaar poeder aangeduid, maar een mengsel van diverse specerijen, bijvoorbeeld kurkuma, gember, kardemom, koriander en komijn. Er wordt altijd gezegd dat er evenveel currymengsels zijn als Indiase koks. Ieder heeft zijn eigen favoriete samenstelling.

Fenegriek
(Methi)
De lichtbruine zaden worden in diverse currymengsels verwerkt. Behalve het zaad wordt ook het blad gebruikt.

Foelie
(Jaibal)
is het vliesje dat om de nootmuskaat zit. Als de nootmuskaat rijp wordt, maakt het rode vlies zich los van de bruine noot. Het vlies wordt verwijderd en in de zon gedroogd, waardoor de kleur roestbruin wordt.

Garam masala
Een specerijenmengsel dat uit verschillende geroosterde en fijngemalen specerijen is samengesteld. Er bestaat geen standaardmengsel: de gebruikte specerijen variëren van streek tot streek. Het specerijenmengsel wordt meestal op het laatst aan een gerecht toegevoegd. U kunt zelf heel gemakkelijk een garam-masalamengsel maken. Doe bijvoorbeeld 1 eetlepel korianderzaad, 1 eetlepel komijnzaad, 1 theelepel zwarte peperkorrels, ½ theelepel kardemompeulen, ½ theelepel kruidnagels en een kaneelstokje van 5 cm in een koekenpan en verwarm dit circa 3 minuten onder voortdurend roeren tot het aroma vrijkomt. Laat de specerijen afkoelen en maal ze fijn in een elektrische koffiemolen. Bewaar de garam masala in een potje op een donkere plaats.

Gemberwortel
(Adrak)
wordt geschild en fijngeraspt of fijngewreven in een vijzel. Gember wekt volgens sommigen de eetlust op, is werkzaam tegen ontstekingen en hoesten, en wordt gebruikt om een opkomende verkoudheid te voorkomen.

---

1. paprikapoeder, 2. anijs, 3. chilipoeder (gemalen pepertjes), 4. garam masala, 5. gemberwortel, 6. kurkuma/geelwortel, 7. witte en zwarte peper, 8. vijfkruidenmix, 9. asafoetida, 10. munt, 11. pepertjes, 12. foelie, 13. nootmuskaat, 14. fenegriek, 15. kaneelbast, 16. kerriebladeren, 17. currypoeder, 18. kruidnagels, 19. komijnzaad, 20. zwart komijnzaad, 21. venkelzaad, 22. koriander, 23. zwart mosterdzaad, 24. wit maanzaad, 25. tijmzaad, 26. groene kardemom, 27. uienzaad, 28. saffraan.

DE ORIGINELE INGREDIËNTEN

37

Groene kardemom
(Choti elaichi)
is na saffraan de kostbaarste specerij ter wereld. Kardemom is afkomstig uit India en geldt als geneesmiddel tegen verschillende kwalen. In de Indiase keuken wordt kardemom verwerkt in hartige gerechten. Ook kauwt men de peulen na de maaltijd om de mond te verfrissen.

Kassia- en kaneelbast
(Dalchini)
is donkerbruin en wordt verkocht in stukken van 5-10 cm. De smaak is krachtiger dan van kaneelstokjes; dit laatste is een stuk van de binnenste bast. Kaneelbast is te koop in toko's.

Kerrieblad
(Kari pata)
groeit voornamelijk in Zuid-India aan bomen. Het dankt zijn naam aan het feit dat de bladeren na het fijnsnijden een geur hebben die doet denken aan een curry-mengsel. Verse bladeren zijn in Europa niet gemakkelijk te krijgen. Koop ze meteen als u ze ziet; ze laten zich net als gewone kruiden gemakkelijk invriezen. In toko's is vaak gedroogd kerrieblad te koop.

Komijnzaad
(Jeera)
is bruin van kleur en wordt in India in vrijwel alle soorten gerechten verwerkt. Het bevordert de spijsvertering en wekt de eetlust op. Zwart komijnzaad (kala jeera) is wat kleiner dan de bruine soort en heeft een licht bittere smaak.

Koriander
(Dhania)
groeit overal ter wereld. Niet alleen het zaad maar ook de stengels en bladeren worden in de keuken gebruikt. Koriander wordt in bijna alle currymengsels verwerkt.

Kruidnagels
(Loung)
zijn de gedroogde bloemknoppen van de kruidnagelboom. Geroosterde en fijngemalen kruidnagels worden in bijna alle garam-masalamengsels verwerkt.

Kurkuma/geelwortel
(Haldi)
heeft een felgele kleur en vormt een belangrijk ingrediënt in currymengsels. In India gebruikt men bijna altijd verse kurkuma; in Europa is meestal alleen gedroogde en gemalen kurkuma voorhanden. In de Indiase traditionele geneeskunde gebruikt men kurkuma als vochtverdrijvend middel, bij maagklachten en huidaandoeningen.

Laurierblad
(Tedchpata)
is vers en gedroogd verkrijgbaar. Laurier wordt in allerlei soorten Indiase gerechten gebruikt.

Maanzaad (wit)
(Khas-khas)
wordt voor gebruik fijngemalen. Het dient om sauzen mee te binden.

Mosterdzaad (zwart)
(Sarson)
is beduidend pittiger dan geel mosterdzaad. Soms wordt het zaad toegepast, soms wordt olie uit het zaad geperst die wordt gebruikt bij het inmaken, of bij het bereiden van groenten en vis. Koop mosterdolie in winkels die Indiase specialiteiten verkopen: mosterdolie uit de apotheek is te scherp van smaak.

Munt
(Poodina)
wordt vers gebruikt ter garnering, maar ook voor chutneys, muntsauzen en dranken. Is er geen verse munt verkrijgbaar, dan kunt u fijngesneden munt kopen die is ingemaakt met azijn en zout. Bewaar het geopende potje in de koelkast.

Nootmuskaat
(Jaibal)
zijn de vruchten van de tropische muskaatboom. Deze specerij past zowel bij hartige als bij zoete gerechten. Koop hele noten en rasp vlak voor gebruik de benodigde hoeveelheid af, dan is het aroma het krachtigst.

Paprikapoeder
(Degi mirch)
is tamelijk mild van smaak, te vergelijken met het milde Europese paprikapoeder. In India wordt het voornamelijk vanwege de mooie rode kleur gebruikt.

Peper, zwarte
(Kali-mirch)
wekt de eetlust op en wordt

EEN CULINAIR AVONTUUR

vanwege de etherische olie die de korrels bevatten ook in de Indiase geneeskunde toegepast.

Saffraan
(Kesar)
is afkomstig uit een krokussoort. Voor 1 kg saffraan zijn circa 100 000 bloemen nodig; de stampers worden met de hand uit de bloemen genomen. Dit maakt saffraan dan ook tot de kostbaarste specerij die er bestaat. In de Indiase keuken wordt saffraan vanwege zijn gele kleur en zijn aroma verwerkt in rijst, zoete gerechten en gebak.

Spaanse pepers
(Mirch)
Er bestaan verschillende soorten pepers die vooral in sterkte behoorlijk kunnen verschillen. Houdt u niet zo van scherp, verwijder dan van verse pepers het zaad geheel of gedeeltelijk: de brandende stof zit vooral in het zaad.

Tijmzaad
(Ajwain)
Dit vertoont weinig overeenkomsten met Europese tijm; ze bevatten echter allebei thymol. Fijngehakte ajwain doet qua geur dan ook sterk denken aan tijm. Het wordt verwerkt in groentegerechten en in verschillende soorten brood.

Uienzaad
(Kalonji)
Kleine, zwarte, druppelvormige zaadjes die in de Indiase keuken worden gebruikt voor pickles, groente- en viscurry.

Het wordt ook over allerlei Indiase broden gestrooid.

Venkelzaad
(Sounf)
wordt in India niet alleen gebruikt bij de bereiding van allerlei gerechten maar heeft ook een functie in de traditionele geneeskunde. Venkelzaad is onder meer werkzaam bij winderigheid en wordt in hoestdranken verwerkt. Ook kauwt men na de maaltijd op venkelzaad om de mond te verfrissen en de spijsvertering te bevorderen.

Vijfkruidenpoeder
(Panch foron)
bestaat uit fenegriek, venkel-, zwart mosterd-, komijn- en uienzaad. Dit mengsel wordt gebakken in hete olie en verwerkt in groenteschotels en chutneys. Let op dat u de Indiase versie aanschaft en niet de Chinese vijfkruidenpoeder.

Peulvruchten
(Dal)

Gehalveerde en gepelde linzen, bonen en kikkererwten worden *dal* genoemd. In de Indiase kookkunst vormen deze peulvruchten een belangrijke

Peulvruchten spelen in de keuken van India een belangrijke rol: 1. Channa dal, 2. Massar dal, 3. Moong dal, 4. Urid dal, 5. Toor dal.

39

bron van eiwitten. Er zijn ongeveer vijftig verschillende soorten.
Dal wordt altijd samen met rijst of plat brood bij een hoofdgerecht geserveerd.

Channa dal
Gepelde en gehalveerde kikkererwten. Deze worden gekweekt in Noord-India. Men kan ze ook in hun geheel gebruiken; dit maakt het gerecht echter minder smeuïg.

Masoor dal
Gepelde rode linzen met een heerlijke milde smaak. De kooktijd is tamelijk kort; tijdens de bereiding worden de linzen geelachtig van kleur.

Moong dal
Gepelde en gehalveerde mungbonen. Gerechten met mungbonen zijn zeer gezond en gemakkelijk te bereiden.

Toor dal
Bruine linzen, bedekt met een dun laagje olie. Ze worden ook wel arahar-linzen of arahar dal genoemd.

Urid dal
Witte linzen waar het donkere vliesje afgepeld is. Ze worden vooral in de Zuid-Indiase keuken gebruikt.

Speciale ingrediënten

Besan
Meel van kikkererwten, waarmee bijvoorbeeld frituurbeslag wordt bereid.

Chapati-ata
Een speciaal mengsel van grof- en fijngemalen tarwemeel waarvan platte broden worden gebakken.

Ghee
Geklaarde boter. Deze is verkrijgbaar in toko's en natuurvoedingswinkels, maar u kunt hem ook zelf maken. Laat 1 kg ongezouten boter in een pan op halfhoog vuur smelten. Draai het vuur laag en laat de boter 30-40 minuten zachtjes koken, tot de witte bestanddelen goudgeel kleuren en de ghee (het heldere vet) helder is. Zeef de ghee door een schone theedoek in een pot en laat hem afkoelen. U hebt nu 750 gram ghee. De ghee kan enkele maanden bewaard worden.

Mangopuree
Hiervoor worden gepureerde, licht gezoete Alfonso-mango's uit India gebruikt: deze hebben een bijzonder fijne smaak. Mangopuree is te koop in potten van circa 850 gram.

Papadam
Dunne, droge linzenkoekjes, al dan niet gekruid, om te frituren, te bakken of te braden.

EEN CULINAIR AVONTUUR

De bijzondere ingrediënten zijn te koop in winkels voor oosterse producten: 1. papadam; 2. besan; 3. chapati; 4. mangopuree; 5. ghee.

INDIAAS KOKEN

KLEINE HAPJES EN DALS

Halve kikkererwten met kokos
Channa dal

Ingrediënten voor 4 personen
200 g channa dal
2 verse Spaanse pepers
2 eetl. ghee (geklaarde boter)
1 theel. komijnzaad
2 laurierbladeren
1 theel. gemalen kurkuma
1 theel. mild paprikapoeder
zout
½ theel. suiker
80 g geraspte kokos

Specialiteit uit Zuid-India

Per persoon circa:
1500 kJ/360 kcal.
11 g eiwit · 16 g vet
43 g koolhydraten

• Bereidingstijd: circa 40 minuten

1. Breng de channa dal met ½ liter water in een pan aan de kook. Laat dit afgedekt circa 25 minuten op laag vuur koken. Was de pepers maar laat ze heel.

2. Verhit de ghee in een andere pan op halfhoog vuur. Voeg komijnzaad, laurierbladeren, pepertjes, kurkuma, paprikapoeder, zout, suiker en kokos toe en roerbak circa 3 minuten.

3. Schep het specerijenmengsel zorgvuldig door de dal.

Rode linzen met verse koriander
Masoor dal

Ingrediënten voor 4 personen
175 g masoor dal
½ theel. verse gemberwortel
1 theel. gemalen kurkuma
zout
2 eetl. ghee (geklaarde boter)
1 theel. komijnzaad
1 theel. gemalen korianderzaad
⅛ theel. asafoetida
½ theel. chilipoeder
2 eetl. vers korianderblad

Gemakkelijk te maken

Per persoon circa:
940 kJ/220 kcal.
10 g eiwit · 11 g vet
23 g koolhydraten

• Bereidingstijd: circa 20 minuten

1. Breng de masoor dal met ½ liter water in een pan aan de kook. Schil en rasp de gemberwortel. Voeg gember, kurkuma en zout toe aan de dal. Laat de linzen afgedekt in circa 10 minuten zachtjes gaar koken op laag vuur. Neem de pan van het vuur.

2. Verhit de ghee in een kleine pan op halfhoog vuur. Roerbak hierin komijn, gemalen koriander, asafoetida en chilipoeder circa 1 minuut. Schep het specerijenmengsel zorgvuldig door de dal.

3. Was het korianderblad, snijd het fijn en strooi het over de linzen.

Variatie
In plaats van verse koriander kunt u ook peterselie gebruiken.

Boven: Rode linzen met verse koriander
Onder: Halve kikkererwten met kokos

42

KLEINE HAPJES EN DALS

INDIAAS KOKEN

Soja dal
Moong dal

Ingrediënten voor 4 personen
1 ui
1 stuk verse gemberwortel van circa 4 cm
2 teentjes knoflook
2 eetl. ghee (geklaarde boter)
½ theel. gemalen kurkuma
1 theel. gemalen komijn
250 g moong dal
zout
½ theel. garam masala

Gemakkelijk te maken

Per persoon circa:
1600 kJ/380 kcal.
12 g eiwit · 25 g vet
17 g koolhydraten

• Bereidingstijd: circa 40 minuten

1. Pel de ui en snijd deze fijn. Schil de gemberwortel, pel de knoflook en rasp beide.

2. Verhit de ghee in een pan. Voeg de ui, gember en knoflook toe en roerbak op halfhoog vuur tot de ui goudbruin kleurt. Voeg kurkuma en komijn toe en roerbak nog 2 minuten.

3. Voeg de moong dal toe en roerbak 2 minuten. Schenk er 8 dl water bij en voeg zout toe.

4. Breng alles aan de kook. Laat de linzen circa 25 minuten afgedekt op laag vuur gaar koken. Strooi de garam masala erover. Serveer warm met plat brood (chapati's).

Toor-dal-soep
Toor dal

Toor dal zijn speciale linzen die met een dun laagje olie bedekt zijn. Tijdens de bereiding verdwijnt dit laagje.

Ingrediënten voor 4 personen
250 g toor dal
½ theel. kurkuma
½ theel. chilipoeder
1 theel. paprikapoeder
2 eetl. ghee (geklaarde boter)
1 theel. gemalen komijn
1 verse Spaanse peper
3 laurierbladeren
1 theel. suiker
zout
1 theel. garam masala

Als er gasten komen

Per persoon circa:
1200 kJ/290 kcal.
15 g eiwit · 11 g vet
34 g koolhydraten

• Bereidingstijd: circa 45 minuten

1. Breng in een pan 1 liter water aan de kook. Voeg de toor dal toe, schep om en laat deze afgedekt op halfhoog vuur circa 25 minuten koken. Roer tussentijds regelmatig om.

2. Voeg kurkuma, chili- en paprikapoeder toe. Laat nog 10 minuten koken tot de linzen gaar zijn. Neem de pan van het vuur.

3. Verhit de ghee in een kleine pan. Roerbak hierin komijn, verse peper en laurierbladeren circa 1 minuut tot de specerijen enigszins bruin kleuren. Voeg het specerijenmengsel toe aan de dal en schep het er goed door.

4. Breng het gerecht op smaak met suiker en zout. Strooi vlak voor het serveren de garam masala erover. Serveer warm met rijst of Indiaas brood.

Boven: Soja dal
Onder: Toor dal-soep

KLEINE HAPJES EN DALS

INDIAAS KOKEN

Gefrituurde groenten

Pakora

Ingrediënten voor 6 personen
500 g aubergines
250 g kikkererwtenmeel
1½ theel. zout
1 theel. gemalen komijn
½ theel. chilipoeder
1 theel. gemalen koriander
1 theel. mild paprikapoeder
1 theel. tijmzaad (ajwain)
1 theel. uienzaad
¾ l plantaardige olie om te frituren

Als er gasten komen

Per persoon circa:
1200 kJ/290 kcal.
9 g eiwit · 18 g vet
23 g koolhydraten

• Bereidingstijd: circa 45 minuten

1. Was de aubergines en snijd ze in circa ½ cm dikke plakken.

2. Vermeng het kikkererwtenmeel in een kom met het zout en de gemalen en hele specerijen. Klop met een garde geleidelijk 3 dl lauwwarm water erdoor zodat het een glad beslag wordt.

3. Verhit de olie tot hij zo heet is dat een druppel beslag direct sissend naar het oppervlak stijgt.

4. Wentel de aubergineplakken door het beslag en laat ze in de hete olie glijden. Frituur de pakora's in enkele minuten goudbruin en knapperig. Schep ze uit de pan en laat ze uitlekken. Serveer ze warm met muntsaus (recept op pagina 50) of chutneys (recepten op pagina 52 en 54).

Variatie

U kunt pakora's ook met andere groenten bereiden, bijvoorbeeld 500 gram geschilde aardappelen, in plakjes van 3 mm; of ½ bloemkool, in roosjes van 5 cm verdeeld; of 500 gram gepelde uien, met een scherp mes in plakken van ½ cm gesneden. Maak het beslag zoals aangegeven.

Groentekoekjes

Sabzi chop

Ingrediënten voor 4 personen
300 g bloemig kokende aardappelen
150 g wortelen
150 g rode biet
50 g witte kool
2 uien
3 eetl. ghee (geklaarde boter)
½ theel. chilipoeder
1 theel. paprikapoeder
1 theel. gemalen komijn
zout
1 ei
150 g paneermeel
½ l plantaardige olie om te frituren

Als er gasten komen

Per persoon circa:
1500 kJ/360 kcal.
9 g eiwit · 17 g vet
44 g koolhydraten

• Bereidingstijd: circa 45 minuten

1. Schil de aardappelen, schrap de wortelen en pel de bieten; snijd ze klein.

2. Kook de groenten met circa ⅛ liter water in een pan op halfhoog vuur gaar. Laat ze uitlekken in een zeef. Druk ze door een pureeknijper.

3. Was intussen de witte kool. Pel de uien. Snijd kool en uien fijn. Verhit de ghee in een pan en fruit de uien goudbruin. Voeg de witte kool toe en bak alles nog circa 10 minuten op halfhoog vuur.

4. Doe alle groenten in een kom. Schep de gemalen specerijen erdoor. Breng op smaak met zout. Vorm 12 platte koekjes van het mengsel en laat ze afkoelen.

5. Roer het ei los. Wentel de groentekoekjes hierdoor en vervolgens door het paneermeel.

6. Verhit de olie in een koekenpan en frituur de groentekoekjes hierin aan beide kanten 2-4 minuten op halfhoog vuur.

Boven: Groentekoekjes
Onder: Gefrituurde groenten

KLEINE HAPJES EN DALS

INDIAAS KOKEN

Pannenkoekjes met kruidige vulling

Masala dosa

In Zuid-India worden deze pannenkoekjes altijd vers bereid. Serveer ze warm, bijvoorbeeld met Kokoschutney (recept op pagina 54).

Ingrediënten voor 6 personen
150 g rijst
150 g urid dal
2 verse rode pepers
1 theel. rietsuiker
zout
8 middelgrote, bloemig kokende aardappelen
1 stuk verse gemberwortel van circa 3 cm
2 eetl. geraspte kokos
circa 6 eetl. ghee (geklaarde boter) of plantaardige olie
2 theel. komijnzaad
2 theel. zwart mosterdzaad
1 theel. gemalen kurkuma
2 eetl. vers korianderblad, fijngesneden

Vraagt wel wat tijd

Per persoon circa:
1800 kJ/430 kcal.
9 g eiwit · 22 g vet
47 g koolhydraten

- Weektijd: circa 8 uur, plus 24 uur rusten dag
- Bereidingstijd: circa 2 uur

1. Doe de rijst en de urid dal in twee verschillende kommen en laat ze circa 8 uur weken in ruim water. Laat beide uitlekken en pureer ze om de beurt in een keukenmachine. Vermeng beide purees. Roer er circa 3 dl water door, zodat een beslag ontstaat.

2. Was de rode pepers, verwijder de steeltjes en desgewenst de zaadlijsten en snijd het vruchtvlees fijn. Meng de helft van de rode peper, de suiker en ½ theelepel zout met het rijst-dalbeslag in een kom. Dek de kom af met een doek en laat het beslag op een warme plaats circa 24 uur rusten.

3. Maak de volgende dag de vulling. Was de aardappelen en kook ze in de schil met weinig water gaar. Pel ze en prak ze grof met een aardappelstamper. Schil en rasp de gemberwortel. Roer de overgebleven rode peper, gember en geraspte kokos tot een dik vloeibaar mengsel. Voeg zo nodig nog wat water toe.

4. Verhit de ghee of olie in een middelgrote pan. Rooster het komijn- en mosterdzaad hierin kort, tot het mosterdzaad begint op te springen. Voeg dan meteen het mengsel van peper, gember, en kokos toe en bak nog 1 minuut. Voeg kurkuma, aardappelen, fijngesneden koriander en zout toe. Roerbak 5 minuten. Dek de pan af en neem hem van het vuur.

5. Roer het beslag nog eens om. Voeg zo nodig nog wat water toe: het moet dik vloeibaar zijn. Verhit een grote koekenpan op halfhoog vuur. Laat enkele druppels water in de pan vallen: als ze sissen is de pan heet genoeg.

6. Verhit 1 theelepel ghee of olie in de pan. Schep er snel 2 opscheplepels beslag bij, zodat het een dunne, gelijkmatige pannenkoek van circa 20 cm doorsnee wordt. Bak de pannenkoek in circa 2 minuten goudbruin, keer hem en bak hem nog 2 minuten. Laat de pannenkoek uit de pan glijden. Bak op deze manier pannenkoeken tot het beslag op is, en gebruik hiervoor telkens wat vet. Stapel de gebakken pannenkoeken op een bord: zo blijven ze warm en smeuïg.

7. Schep telkens een lepel van het aardappelmengsel in het midden van een pannenkoek en klap hem dubbel. De vulling kan ook in gerekte vorm op de pannenkoeken worden geschept waarbij de pannenkoek aan weerszijden over de vulling wordt geklapt. Leg de gevulde dosa's in de ingevette koekenpan en bak ze nog circa ½ minuut aan beide kanten. Serveer ze warm met kokoschutney (recept op pagina 54)

Zo zien de kruidige pannenkoeken eruit voor ze worden dichtgeklapt en nog even worden nagebakken.

KLEINE HAPJES EN DALS

INDIAAS KOKEN

Gevulde pasteitjes

Samosa

Ingrediënten voor 16 pasteitjes
Voor de vulling
4 bloemig kokende aardappelen (circa 400 g)
½ bloemkool (circa 400 g)
1 stuk verse gemberwortel van circa 3 cm
3 eetl. ghee (geklaarde boter)
½ theel. komijnzaad
½ theel. zwart komijnzaad (kala jeera)
½ theel. chilipoeder
1 theel. gemalen korianderzaad
1 theel. zoet paprikapoeder
1 theel. zout
100 g diepvriesdoperwten
1 theel. garam masala
Voor het deeg
300 g bloem
4 eetl. ghee of plantaardige olie
1 theel. zout
circa ¾ l olie om te frituren

Beroemd recept

Per persoon circa:
1000 kJ/240 kcal.
3 g eiwit · 18 g vet
20 g koolhydraten

• Bereidingstijd: circa 1½ uur

1. Maak eerst de vulling. Schil de aardappelen en snijd ze in blokjes van 1 cm. Was de bloemkool en verdeel hem in kleine roosjes. Schil en rasp de gemberwortel.

2. Verhit voor de vulling de ghee in een pan. Voeg beide soorten komijn toe en bak ze circa 1 minuut op halfhoog vuur. Voeg al roerend de gemalen specerijen behalve de garam masala toe. Doe de gember, aardappelen, bloemkool en doperwten erbij. Bak alles circa 5 minuten onder regelmatig omscheppen.

3. Laat de groenten afgedekt in circa 10 minuten op laag vuur gaar smoren. Voeg zo nodig nog wat water toe. Strooi ten slotte de garam masala en het zout erover en schep dit om. Laat het groentemengsel afkoelen in een kom.

4. Kneed voor het deeg bloem, ghee of olie, zout en 1¾ dl water circa 15 minuten tot het stevig en soepel is. Dek het af met een vochtige doek en laat het circa 10 minuten rusten.

KLEINE HAPJES EN DALS

5. Verdeel het deeg in 8 balletjes. Rol elk balletje op een ingevet houten werkvlak uit tot een rond lapje van circa 12 cm doorsnee. Snijd elk lapje doormidden.

Tip!

Samosa's zijn de populairste snacks van India. U kunt ze voor de afwisseling ook maken met een andere groentevulling of met gehakt. Serveer ze met kant-en-klaar gekochte pickles, met chutneys (recepten op pagina 52 en 54) of Muntsaus (recept op pagina 50).

6. Vouw elk half deeglapje tot een soort zakje. Sluit de zijkant zorgvuldig af met bevochtigde vingers. Schep in elk deegzakje 2 theelepels van de vulling. Sluit de randen op dezelfde manier. Maak op deze manier nog 15 samosa's.

7. Verhit de frituurolie in een pan of karhai: de olie moet niet al te heet zijn. Frituur de samosa's met een paar tegelijk in de olie tot ze goudgeel van kleur zijn.

8. Laat de deegflapjes uitlekken op keukenpapier. Serveer ze warm als voorgerecht.

INDIAAS KOKEN

VEGETARISCHE HOOFDGERECHTEN

Gebakken spinazie met uien

Mughlai sag

Ingrediënten voor 4 personen
2 uien
1 stuk verse gemberwortel van circa 3 cm
2 teentjes knoflook
3 eetl. ghee (geklaarde boter) of olie
½ theel. chilipoeder
1 theel. gemalen komijn
½ theel. gemalen kurkuma
1 theel. gemalen korianderzaad
600 g diepvries bladspinazie
zout
1½ dl slagroom

Snel

Per persoon circa:
1110 kJ/270 kcal.
5 g eiwit · 20 g vet
4 g koolhydraten

● Bereidingstijd: circa 25 minuten

1. Pel de uien en snijd ze in dunne ringen. Schil en rasp de gemberwortel. Pel de knoflookteentjes en pers ze uit.

2. Verhit de ghee of olie in een karhai of koekenpan. Fruit de uien, gember en knoflook hierin op halfhoog vuur tot ze goudbruin kleuren.

3. Voeg de gemalen specerijen toe en bak alles nog 1 minuut. Voeg de spinazie en het zout toe en laat deze afgedekt in circa 15 minuten op halfhoog vuur ontdooien en gaar worden.

4. Meng ten slotte de room door de spinazie. Serveer hierbij Chapati's of Naan (recepten op pagina 44 en 46).

Aardappel-bloemkool-curry

Alu gobi

Ingrediënten voor 4 personen
350 g bloemkool
350 g vastkokende aardappelen
2 middelgrote uien
2 verse rode pepers
1 stuk verse gemberwortel van circa 3 cm
2 tomaten
6 eetl. plantaardige olie
1 theel. vijfkruidenmix (panch foron)
1½ theel. gemalen kurkuma
1½ theel. gemalen komijn
2 theel. mild paprikapoeder
½ theel. chilipoeder
zout
200 g diepvriesdoperwten
3 eetl. volle yoghurt
1 theel. garam masala

Gemakkelijk te maken

Per persoon circa:
1500 kJ/360 kcal.
8 g eiwit · 26 g vet
24 g koolhydraten

● Bereidingstijd: circa 50 minuten

1. Was de bloemkool en verdeel hem in roosjes van circa 5 cm. Schil de aardappelen en snijd ze in stukken van circa 3 cm. Pel de uien en snijd ze fijn. Was de pepers, verwijder het steeltje en de zaadlijsten en snijd ze fijn. Schil en rasp de gemberwortel. Was de tomaten en snijd ze in vieren.

2. Verhit de olie in een pan. Roerbak hierin de vijfkruidenmix en de uien op halfhoog vuur tot de uien goudbruin kleuren.

3. Voeg de bloemkool, aardappelen en pepers toe en roerbak circa 3 minuten. Voeg de gemalen specerijen behalve de garam masala en gember toe en bak alles nog 3-4 minuten.

4. Schep de tomaten, de doperwten en de yoghurt erdoor. Voeg ½ liter water en het zout toe. Laat het groentemengsel op halfhoog vuur circa 20 minuten zachtjes koken tot de bloemkool en aardappelen gaar zijn. Schep tussentijds om.

5. Strooi ten slotte de garam masala erover. Serveer de curry met rijst of Indiaas brood.

Boven: Gebakken spinazie met uien
Onder: Aardappel-bloemkoolcurry

VEGETARISCHE HOOFDGERECHTEN

53

INDIAAS KOKEN

Eier-biriyani

Anda biriyani

Ingrediënten voor 6 personen
400 g basmatirijst
3 uien
6 eetl. ghee (geklaarde boter)
350 g bloemkool
250 g vastkokende aardappelen
2 tomaten
1 stuk verse gemberwortel van circa 4 cm
3 kruidnagels
1 stuk kaneelbast van circa 5 cm
3 groene kardemompeulen
2 laurierbladeren
½ theel. gemalen kurkuma
½ theel. mild paprikapoeder
½ theel. chilipoeder
½ theel. gemalen komijn
200 g diepvriesdoperwten
2 eetl. yoghurt
zout
2 eetl. amandelstaafjes
2 eetl. rozijnen
3 hardgekookte eieren

Uit Noord-India

Per persoon circa:
2500 kJ/600 kcal.
15 g eiwit · 29 g vet
67 g koolhydraten

• Bereidingstijd: circa 2 uur

1. Was de rijst en laat hem circa 30 minuten uitlekken in een zeef. Pel 1 ui en snijd deze fijn. Verhit 3 eetlepels ghee in een middelgrote pan en fruit de ui goudbruin. Voeg de rijst toe en schep de korrels circa 3 minuten door de ghee. Giet er ½ liter water bij. Laat de rijst circa 10 minuten zachtjes halfgaar koken. Neem de pan van het vuur.

2. Was de groenten. Verdeel de bloemkool in roosjes van circa 2 cm. Schil de aardappelen en snijd ze in stukken van circa 3 cm. Snijd de tomaten in vieren. Pel de resterende uien en snijd ze fijn. Schil en rasp de gemberwortel.

3. Verhit de resterende ghee in een grote pan. Roerbak hierin de kruidnagels, kaneelbast, kardemom en laurierbladeren circa 3 minuten op halfhoog vuur. Voeg de uien, bloemkool en aardappelen toe en schep alles goed om.

4. Voeg de gemalen specerijen, de tomaten en de gember toe en bak alles 2 minuten. Voeg de yoghurt toe en schep alles goed om. Giet er ½ liter water en het zout bij en laat de groenten afgedekt circa 5 minuten sudderen tot ze halfgaar zijn. Meng de doperwten erdoor.

5. Verwarm de oven voor tot 200 °C. Bereid een römertopf voor met warm water; giet hem leeg. Doe de helft van de rijst, de amandelen en rozijnen, de groenten en vervolgens de rest van de rijst in laagjes in de römertopf.

7. Plaats de gevulde schaal afgedekt circa 1 uur midden in de oven. Schep voor het serveren alles goed om. Pel de eieren, snijd ze overlangs in vieren en garneer hiermee het gerecht.

Gebakken rammenas

Mooli

Ingrediënten voor 4 personen
1 grote witte rammenas (toko)
3 eetl. plantaardige olie
½ theel. uienzaad
½ theel. gemalen kurkuma
½ theel. mild paprikapoeder
zout

Niet duur

Per persoon circa:
410 kJ/100 kcal.
1 g eiwit · 10 g vet
1 g koolhydraten

• Bereidingstijd: circa 30 minuten

1. Schil de rammenas, snijd de wortel overlangs doormidden en daarna in circa 3 mm dikke plakjes.

2. Verhit de olie in een koekenpan op halfhoog vuur. Rooster het uienzaad hierin circa ½ minuut. Voeg de rammenas toe en roerbak circa 3 minuten.

3. Schep kurkuma, paprikapoeder en zout door de rammenas en laat deze afgedekt in circa 20 minuten op laag vuur gaar worden. Schep tussentijds regelmatig om, zodat hij niet kan aanbranden.

Boven: Eier-biriyani
Onder: Gebakken rammenas

VEGETARISCHE HOOFDGERECHTEN

INDIAAS KOKEN

Aubergines in mosterdsaus

Baigan kari

Ingrediënten voor 4 personen
400 g aubergines
zout
2 theel. gemalen kurkuma
1 verse rode peper
1 stuk verse gemberwortel van circa 3 cm
2 tomaten
circa ½ dl plantaardige olie
5 eetl. mosterdolie
½ theel. chilipoeder
2 theel. gemalen komijn
2 theel. mild paprikapoeder
3 eetl. volle yoghurt
2 theel. gemalen zwart mosterdzaad

Gemakkelijk te maken

Per persoon circa:
1300 kJ/310 kcal.
2 g eiwit · 31 g vet
4 g koolhydraten

• Bereidingstijd: circa 45 minuten

1. Was de aubergine en snijd hem in circa 1 cm dikke plakjes. Wrijf de aubergineplakken in met ½ theelepel zout en ½ theelepel kurkuma en laat dit circa 10 minuten intrekken. Was de peper, verwijder het steeltje en desgewenst de zaadlijsten en snijd het vruchtvlees fijn. Schil en rasp de gemberwortel. Was de tomaten en snijd ze in vieren.

2. Verhit de olie in een koekenpan en bak de aubergineplakken hierin aan beide kanten gaar. Laat ze uitlekken.

3. Verhit de mosterdolie in een andere koekenpan. Roerbak hierin de resterende kurkuma, de rode peper, gember, chilipoeder, komijn en paprikapoeder circa 5 minuten op halfhoog vuur. Voeg de tomaten en de yoghurt toe en schep alles goed om. Bak alles nog circa 3 minuten tot het een bruine puree is. Voeg 2 dl water toe en breng dit aan de kook.

4. Voeg mosterdzaad, zout en aubergineplakken aan de puree toe en laat alles 5 minuten sudderen op laag vuur. Serveer direct.

Okra's met kokosmelk

Bhindi sabji

Ingrediënten voor 2-4 personen
500 g okra's
2 middelgrote uien
2 teentjes knoflook
4 rijpe tomaten
1 stuk verse gemberwortel van circa 3 cm
3 eetl. ghee (geklaarde boter)
1 theel. gemalen komijn
1 theel. gemalen koriander
½ theel. gemalen kurkuma
1 theel. zoet paprikapoeder
½ theel. chilipoeder
½ theel. gemalen venkelzaad
3¾ dl kokosmelk
zout

Verfijnd

Bij 4 porties per persoon circa:
930 kJ/230 kcal.
4 g eiwit · 21 g vet
8 g koolhydraten

• Bereidingstijd: circa 55 minuten

1. Was de okra's en dep ze droog, verwijder beide uiteinden en snijd de okra's in stukken van 2 cm. Pel de uien en knoflook en snijd ze fijn. Was de tomaten en snijd ze in stukjes van 2 cm. Schil en rasp de gemberwortel.

2. Verhit de ghee in een pan of koekenpan op halfhoog vuur. Fruit de uien hierin goudbruin. Voeg de knoflook en gember toe en roerbak ze circa 5 minuten.

3. Voeg alle gemalen specerijen toe en roerbak 3 tot 4 minuten. Bak de okra's nog circa 5 minuten met de specerijen.

4. Voeg de tomaten, de kokosmelk en zout toe en schep alles goed om. Breng het geheel aan de kook. Laat de okra's afgedekt circa 25 minuten op laag vuur zachtjes gaarkoken. Voeg zo nodig nog wat water toe. Serveer met rijst.

Boven: Aubergines in mosterdsaus
Onder: Okra's met kokosmelk

VEGETARISCHE HOOFDGERECHTEN

57

INDIAAS KOKEN

Groentestoofpot met rijst en linzen

Khitchuri

Ingrediënten voor 4-6 personen
½ bloemkool
200 g vastkokende aardappelen
2 uien
2 tomaten
1 verse rode peper
6 eetl. ghee (geklaarde boter)
3 laurierbladeren
1 theel. gemalen kurkuma
1 theel. gemalen komijn
1½ theel. mild paprikapoeder
½ theel. chilipoeder
200 g basmatirijst
200 g masoor dal
100 g diepvriesdoperwten
1 theel. garam masala
zout

Als er gasten komen

Bij 6 porties per persoon circa:
1900 kJ/450 kcal.
14 g eiwit · 21 g vet
50 g koolhydraten

• Bereidingstijd: circa 1 uur

1. Was de groenten. Verdeel de bloemkool in roosjes van circa 3 cm. Schil de aardappelen en snijd ze eveneens in stukken van circa 3 cm. Pel de uien en snijd ze fijn. Snijd de tomaten in vieren. Was de rode peper, verwijder het steeltje en desgewenst de zaadlijsten en snijd het vruchtvlees fijn.

2. Verhit 4 eetlepels ghee in een pan en fruit de uien hierin donkerbruin. Voeg de rode peper, de laurierbladeren en de gemalen specerijen (behalve de garam masala) toe. Bak alles op laag vuur circa 3 minuten.

3. Voeg de rijst, linzen, bloemkool, aardappelen en doperwten toe en schep alles goed om.

4. Voeg zout en 1½ liter water toe en breng dit aan de kook. Draai het vuur laag en laat het geheel afgedekt in circa 25 minuten zachtjes gaarkoken.

5. Laat de resterende 2 eetlepels ghee smelten en verdeel dit met de garam masala over de schotel. Serveer hierbij gefrituurde groenten (Pakora's, recept op pagina 16), kant-en-klaar gekochte pickles en chutneys.

Aardappelcurry met maanzaad

Alu posto

Ingrediënten voor 2 personen
500 g vastkokende aardappelen
2 verse rode pepers
1 stuk verse gemberwortel van circa 2 cm
3 eetl. wit maanzaad
5 eetl. mosterdolie
1 theel. gemalen kurkuma
1 theel. mild paprikapoeder
½ theel. chilipoeder
zout

Gemakkelijk te maken

Per persoon circa:
2400 kJ/570 kcal.
8 g eiwit · 44 g vet
39 g koolhydraten

• Bereidingstijd: circa 35 minuten

1. Schil de aardappelen en snijd ze in blokjes van circa 2 cm. Was de rode pepers, verwijder de steeltjes en desgewenst de zaadlijsten en snijd het vruchtvlees fijn. Schil en rasp de gemberwortel. Maal het maanzaad fijn in een koffiemolen.

2. Verhit de mosterdolie in een karhai of pan op halfhoog vuur. Voeg de aardappelen toe en roerbak ze circa 5 minuten.

3. Voeg de rode peper, gember en gemalen specerijen (behalve het maanzaad) toe en bak alles circa 3 minuten tot de specerijen donkerbruin maar niet zwart kleuren. Voeg 4 dl water toe, strooi er zout bij en schep alles goed om. Breng snel aan de kook.

4. Schep het gemalen maanzaad erdoor. Laat het gerecht afgedekt op laag vuur koken tot de aardappelen gaar zijn. Schep tussentijds om zodat de groenten niet kunnen aanbranden.

Variatie

Vervang de helft van de aardappelen door courgette.

Boven: Groentestoofpot met rijst en linzen
Onder: Aardappelcurry met maanzaad

VEGETARISCHE HOOFDGERECHTEN

INDIAAS KOKEN

Eiercurry

Anda kari

Ingrediënten voor 4 personen
4 hardgekookte eieren
1½ theel. gemalen kurkuma
2 dl plantaardige olie
250 g vastkokende aardappelen
4 uien
2 teentjes knoflook
1 stuk verse gemberwortel van circa 4 cm
4 eetl. ghee (geklaarde boter)
3 groene kardemompeulen
3 kruidnagels
3 stukjes kaneelbast (elk circa 5 cm)
2 laurierbladeren
½ theel. chilipoeder
zout
1 theel. garam masala

Als er gasten komen

Per persoon circa:
2100 kJ/500 kcal.
9 g eiwit · 46 g vet
14 g koolhydraten

• Bereidingstijd: circa 1 uur

1. Pel de eieren, kerf ze een paar maal in en bestrooi ze met ½ theelepel kurkuma. Verhit de helft van de olie in een koekenpan en bak de eieren kort hierin. Schep ze uit de pan.

2. Schil de aardappelen en snijd ze in stukken van circa 3 cm. Bestrooi ze met ½ theelepel kurkuma. Verhit 2 eetlepels olie in een koekenpan en bak ze kort. Schep ze uit de pan.

3. Pel de uien en de knoflook en snijd ze fijn. Schil en rasp de gemberwortel.

4. Verhit de ghee. Fruit de uien met de kardemom, kruidnagels, kaneelbast en laurier circa 5 minuten op halfhoog vuur. Voeg de resterende kurkuma, het chilipoeder en de gember toe en bak alles nog 5 minuten.

5. Voeg de aardappelen, eieren, zout en ½ liter water toe. Laat het geheel afgedekt in circa 20 minuten zachtjes op halfhoog vuur gaarkoken. Snijd de eieren desgewenst doormidden.

6. Bak de garam masala en de knoflook met de resterende olie in een pan en verdeel dit over de curry.

Witte kool met doperwten

Bandha gobi

Ingrediënten voor 4 personen
500 g witte kool
250 g vastkokende aardappelen
2 tomaten
3 eetl. ghee (geklaarde boter) of 5 eetl. plantaardige olie
3 laurierbladeren
½ theel. komijnzaad
1 theel. gemalen kurkuma
½ theel. chilipoeder
1½ theel. gemalen komijn
1 theel. gemalen korianderzaad
zout
½ theel. suiker
150 g diepvriesdoperwten

Gemakkelijk te maken

Per persoon circa:
990 kJ/240 kcal.
5 g eiwit · 15 g vet
20 g koolhydraten

• Bereidingstijd: circa 50 minuten

1. Was de kool, laat hem uitlekken en snipper hem. Schil de aardappelen en snijd ze in blokjes. Was de tomaten en snijd ze klein.

2. Verhit de ghee of olie in een karhai of pan op halfhoog vuur. Voeg laurier en komijnzaad toe en bak ze kort.

3. Voeg de kool en aardappelen toe en roerbak ze 3 minuten.

4. Voeg alle gemalen specerijen, de tomaten, zout en suiker toe. Schep alles goed om.

5. Laat de groenten afgedekt circa 15 minuten op laag vuur smoren. Voeg de doperwten toe en laat alles nog 5 minuten smoren tot de groenten gaar zijn. Voeg zo nodig nog wat water toe. Schep tussentijds om zodat de groenten niet kunnen aanbranden.

Boven: Witte kool met doperwten
Onder: Eiercurry

VEGETARISCHE HOOFDGERECHTEN

61

INDIAAS KOKEN

VLEES- EN VISGERECHTEN

Rode lams-vleesschotel

Rogan josh

Ingrediënten voor 6 personen
1 kg lamsschouder zonder bot
1 stuk verse gemberwortel van circa 4 cm
4 teentjes knoflook
6 uien
10 eetl. ghee (geklaarde boter)
8 groene kardemompeulen
6 kruidnagels
3 laurierbladeren
8 zwarte peperkorrels
2 kassia- of kaneelstokjes (elk circa 5 cm)
4 theel. mild paprikapoeder
½ theel. chilipoeder
2 theel. gemalen korianderzaad
2 theel. gemalen komijn
zout
6 eetl. volle yoghurt
½ theel. garam masala

Vraagt wel wat tijd

Per persoon circa:
3000 kJ/710 kcal.
32 g eiwit · 64 g vet
6 g koolhydraten

• Bereidingstijd: circa 1¾ uur

1. Snijd het vlees in blokjes van circa 2 cm. Schil de gember. Pel de knoflook. Pureer beide met 4 eetlepels water. Pel de uien en snijd ze fijn.

2. Verhit de ghee in een braadpan en bak het vlees hierin bruin. Schep het uit de pan. Bak de kardemompeulen, kruidnagels, laurier, peper en kassia of kaneel kort.

3. Voeg de uien toe en fruit ze donkerbruin. Roerbak de gemberpasta 1 minuut mee. Voeg de gemalen specerijen en zout toe en bak alles nog 1 minuut.

4. Schep het vlees weer in de pan. Roer de yoghurt erdoor en verwarm alles circa 5 minuten. Schenk er 3 dl water bij en breng dit aan de kook. Stoof het vlees afgedekt circa 50 minuten op laag vuur. Schep tussentijds om. Bestrooi ten slotte met garam masala.

Lamsschotel met spinazie

Palak gosht

Ingrediënten voor 4 personen
600 g lamsschouder zonder bot
600 g verse spinazie · 5 uien
1 stuk verse gemberwortel van circa 3 cm
4 teentjes knoflook · 8 eetl. plantaardige olie
½ theel. zwarte peperkorrels
5 kruidnagels · 2 laurierbladeren
5 groene kardemompeulen
2 theel. gemalen komijn
½ theel. chilipoeder
1½ theel. gemalen kurkuma
2 theel. mild paprikapoeder
1½ eetl. fenegriekblaadjes
zout · 1 theel. garam masala
1 dl slagroom

Gemakkelijk te maken · Verfijnd

Per persoon circa:
3000 kJ/710 kcal.
33 g eiwit · 61 g vet
9 g koolhydraten

• Bereidingstijd: circa 1½ uur

1. Snijd het vlees in blokjes van circa 2 cm. Was de spinazie en snijd de blaadjes fijn. Pel de uien en snijd ze fijn. Schil de gemberwortel, pel de knoflook en rasp beide.

2. Verhit de olie op halfhoog vuur. Bak alle hele specerijen circa 1 minuut. Voeg de uien toe en fruit ze donkerbruin. Doe gember en knoflook erbij en roerbak alles 2 nog minuten.

3. Bak het vlees 3 minuten met de uien mee. Voeg de gemalen specerijen (behalve de garam masala) en de fenegriek toe en roerbak 2 minuten. Doe de spinazie en zout erbij en roerbak tot de spinazie gaar is.

4. Laat het gerecht afgedekt circa 50 minuten smoren op laag vuur. Voeg de garam masala en de room toe en laat dit zonder deksel zachtjes inkoken tot een dikke, lichtgroene saus.

Boven: Lamsschotel met spinazie
Onder: Rode lamsvleesschotel

VLEES- EN VISGERECHTEN

63

INDIAAS KOKEN

Scherp-zuur lamsvlees

Vindaloo

Ingrediënten voor 6 personen
Voor de vindaloo-pasta

½ theel. kardemomzaden (uit circa ½ eetl. peulen)
2 gedroogde rode pepers
2 theel. komijnzaad
1 theel. zwarte peperkorrels
1 theel. zwart mosterdzaad
2 stukjes kassia- of kaneelschors (elk circa 5-6 cm)
1 theel. fenegriek
4 eetl. witte-wijnazijn
2 theel. bruine suiker
zout

Voor het vlees

1 kg lamsbout zonder bot
4 uien
6 teentjes knoflook
1 stuk verse gemberwortel van circa 4 cm
6 eetl. ghee (geklaarde boter) of plantaardige olie
1 theel. gemalen korianderzaad
2 theel. gemalen kurkuma
2 theel. mild paprikapoeder
1 theel. chilipoeder
2 eetl. tomatenpuree
zout

Beroemd recept

Per persoon circa:
2700 kJ/640 kcal.
31 g eiwit · 55 g vet
6 g koolhydraten

• Bereidingstijd: circa 2 uur

1. Maak eerst de vindaloo-pasta. Maal het kardemomzaad, de pepertjes, komijn, peperkorrels, mosterdzaad, kaneelbast en fenegriek fijn in een elektrische koffiemolen. Meng de gemalen specerijen met azijn, bruine suiker, 2 eetlepels water en 1 theelepel zout.

2. Snijd het vlees in blokjes van circa 2 cm. Pel de uien, snijd ze klein en pureer ze. Pel de knoflook, schil de gemberwortel, snijd hem kleiner en pureer de stukjes met 4 eetlepels water in een keukenmachine.

3. Verhit 5 eetlepels ghee of olie in een pan. Roerbak de uien hierin op halfhoog vuur donkerbruin. Schep de vindaloo-pasta erdoor. Neem de pan van het vuur.

4. Verhit de resterende ghee of olie in een braadpan. Roerbak de stukjes vlees hierin rondom bruin, schep ze met een schuimspaan uit de pan en houd ze apart op een bord.

5. Doe het gember-knoflookmengsel in de pan en bak dit 1 minuut op halfhoog vuur. Voeg koriander, kurkuma, paprikapoeder, chilipoeder en tomatenpuree toe en roerbak alles 1 minuut.

6. Schep het vlees en de vindaloo-pasta erdoor. Voeg 3 dl water en het zout toe en breng dit aan de kook. Laat het vlees afgedekt circa 45 minuten stoven op laag vuur. Schep tussentijds om zodat het vlees niet kan aanbranden. Serveer met basmatirijst.

> **Tip!**
> Vindaloo-gerechten zijn behoorlijk scherp. Voeg voor een mildere versie minder chilipoeder of gedroogde peper toe.

Een pasta van diverse specerijen geeft het lamsvlees een heel bijzonder aroma.

VLEES- EN VISGERECHTEN

INDIAAS KOKEN

Kipcurry

Murg kari

Ingrediënten voor 4 personen
1 kg malse kipdelen
100 g vastkokende aardappelen
2 tomaten
1 stuk verse gemberwortel van circa 2 cm
2 verse rode pepers
4 uien · 4 teentjes knoflook
5 eetl. ghee (geklaarde boter) of plantaardige olie
1 stukje kassia- of kaneelbast van circa 6 cm
2 groene kardemompeulen
2 kruidnagels · 2 laurierbladeren
½ theel. chilipoeder
1 theel. gemalen komijn
1 theel. gemalen korianderzaad
2 theel. tomatenpuree
zout · 3 eetl. volle yoghurt
2 theel. garam masala

Beroemd recept

Per persoon circa:
1800 kJ/430 kcal.
36 g eiwit · 26 g vet
10 g koolhydraten

• Bereidingstijd: circa 1 uur 10 minuten

1. Ontvel de stukken kip en verdeel ze in kleinere stukken. Schil de aardappelen en snijd ze in stukken van circa 3 cm. Was de tomaten en snijd ze in vieren. Schil en rasp de gemberwortel. Was de rode pepers, verwijder de steeltjes en desgewenst de zaadlijsten en snijd het vruchtvlees fijn. Pel de uien en knoflook en snijd ze fijn.

2. Verhit de ghee of olie op halfhoog vuur. Fruit de uien hierin donkerbruin. Voeg de hele specerijen toe en bak ze circa 2 minuten. Voeg de gemalen specerijen (behalve de garam masala) toe en bak alles 2-3 minuten. Schep de gember, knoflook en rode peper erdoor. Voeg de tomaten, stukjes kip, tomatenpuree en yoghurt toe en bak alles circa 5 minuten aan.

3. Voeg zout en ½ liter water toe en breng dit aan de kook. Laat de kip afgedekt circa 30 minuten zachtjes op laag vuur sudderen. Schep tussentijds om. Bestrooi het geheel met garam masala.

Kip in amandelsaus

Murg man pasand

Ingrediënten voor 6 personen
1 kg kipfilets
6 uien · 6 teentjes knoflook
1 stuk verse gemberwortel van circa 3 cm
3 tomaten
3 eetl. ghee (geklaarde boter) of plantaardige olie
4 kruidnagels
4 stukjes kassia- of kaneelschors (elk circa 5 cm)
6 groene kardemompeulen
1½ theel. gemalen komijn
½ theelepel gemalen koriander
½ theel. gemalen kurkuma
½ theel. chilipoeder · zout
3 eetl. fijngemalen amandelen
1 eetl. vers korianderblad
1 eetl. amandelstaafjes

Snel

Per persoon circa:
1400 kJ/330 kcal.
40 g eiwit · 16 g vet
4 g koolhydraten

• Bereidingstijd: circa 50 minuten

1. Snijd de kipfilets in reepjes van circa 1½ cm dik. Pel de uien en snijd ze in ringen. Pel de knoflook en pers hem uit. Schil en rasp de gemberwortel. Was de tomaten en snijd ze in blokjes.

2. Verhit de ghee of olie in een braadpan op halfhoog vuur. Roerbak de uienringen in circa 10 minuten donkerbruin. Voeg de knoflook en gember toe en bak 2 minuten. Voeg de hele specerijen toe en bak nog 2 minuten. Roerbak de kipreepjes hierin circa 5 minuten. Schep de gemalen specerijen en het zout erdoor.

3. Voeg de tomaten, gemalen amandelen en ½ liter heet water toe en breng dit aan de kook. Laat de kip afgedekt circa 25 minuten sudderen op laag vuur. Schep regelmatig om. Bestrooi het gerecht met korianderblad en amandelstaafjes.

Boven: Kipcurry
Onder: Kip in amandelsaus

VLEES- EN VISGERECHTEN

INDIAAS KOKEN

Tandoori-kip

Tandoori murg

Een tandoor is een tonvormige Indiase oven die met houtskool of hout gestookt wordt. Gerechten die hierin bereid worden hebben meestal een mooie rode kleur. De levensmiddelenkleurstof (foto bij punt 2) kan echter ook achterwege worden gelaten, want deze heeft geen invloed op de smaak.

Ingrediënten voor 4 personen
1 kg malse kipdelen (poten en filets)
zout
10 eetl. azijn
1 stuk verse gemberwortel van circa 4 cm
3 teentjes knoflook
300 g volle yoghurt
½ theel. chilipoeder
2 theel. mild paprikapoeder
1 theel. gemalen komijn
1 theel. gemalen korianderzaad
½ theel. gemalen zwarte peper
½ theel. gemalen kurkuma
1 theel. geraspte nootmuskaat
½ theel. rode levensmiddelenkleurstof

Uit Noord-India

Per persoon circa:
860 kJ/200 kcal.
37 g eiwit · 4 g vet
4 g koolhydraten

* Marineertijd: circa 7-25 uur
• Bereidingstijd: circa 30 minuten

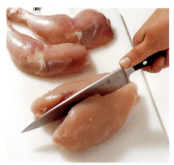

1. Ontvel de stukken kip. Snijd de filets doormidden. Laat de bouten heel. Kerf het vlees hier en daar in zodat de specerijen goed kunnen intrekken. Leg de stukken kip op een schaal, bestrooi ze met zout en besprenkel ze met azijn. Laat dit circa 1 uur intrekken.

2. Schil de gemberwortel, pel de knoflook en rasp beide. Doe de yoghurt in een grote kom en roer alle specerijen en de levensmiddelenkleurstof goed erdoor. Leg de stukken kip in de yoghurt en laat ze afgedekt 6-24 uur in de koelkast marineren.

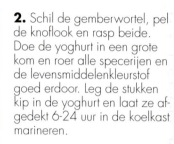

3. Verwarm de oven voor tot 180 °C. Haal de stukken kip uit de marinade en leg ze op een met aluminiumfolie beklede bakplaat. Bak de stukken kip circa 45 minuten midden in de oven.

4. Kwast de stukken kip tussentijds regelmatig in met de resterende marinade. Steek een mes in de kip: als er helder vleessap uitstroomt, is het vlees gaar. Serveer direct.

VLEES- EN VISGERECHTEN

Reuzen-garnalen met kokos-melk

Jhinga malai

Ingrediënten voor 4 personen
---
500 g rauwe reuzengarnalen of gare kreeft
4 uien
4 eetl. ghee (geklaarde boter) of plantaardige olie
1 theel. garam masala
1 theel. gemalen kurkuma
½ theel. chilipoeder
2 laurierbladeren
2 stukjes kassia- of kaneelbast (elk circa 6 cm)
2 groene kardemompeulen
2 kruidnagels
4 dl kokosmelk
zout
1 theel. suiker

Verfijnd

Per persoon circa:
1300 kJ/310 kcal.
24 g eiwit · 22 g vet
6 g koolhydraten

• Bereidingstijd: circa 1 uur

1. Haal de garnalen of de kreeft uit hun schalen. Pel de uien: snijd er 2 fijn en pureer de andere 2. Verhit de ghee of olie in een zware pan op half-hoog vuur. Rooster de garam masala hierin 1 minuut. Voeg de gesneden uien toe en roer-bak ze tot ze donkerbruin kleuren.

2. Voeg de gepureerde uien, kurkuma, chilipoeder, laurier, kaneel, kardemom en kruidna-gels toe en roerbak alles goed. Draai zo nodig het vuur wat lager.

3. Voeg 2 dl kokosmelk, zout en suiker toe en schep alles goed om. Schep voorzichtig de garnalen of de kreeft door de saus en laat ze op laag vuur in circa 10 minuten gaar worden.

4. Voeg de resterende kokos-melk toe en breng het gerecht nog even aan de kook. Serveer hierbij basmatirijst of gefrituurd volkorenbrood (Puri, recept op pagina 44).

INDIAAS KOKEN

Viscurry
Macchli kari

Ingrediënten voor 4 personen
800 g verse of diepvriesvisfilet (bijvoorbeeld roodbaars)
2 tomaten · 2 aardappelen
2 verse rode pepers
1 stuk verse gemberwortel van circa 4 cm
3 theel. mosterdpoeder
6 eetl. mosterdolie
2 theel. gemalen kurkuma
2 theel. gemalen komijn
2 theel. mild paprikapoeder
½ theel. chilipoeder
4 eetl. volle yoghurt
zout

Verfijnd

Per persoon circa:
900 kJ/210 kcal.
16 g eiwit · 14 g vet
6 g koolhydraten

• Bereidingstijd: circa 45 minuten

1. Snijd de vis in niet te grote stukken. Was de tomaten en snijd ze in vieren. Schil de aardappelen en snijd ze in reepjes van 1x6 cm. Was de rode pepers, verwijder steeltjes en desgewenst zaadlijsten en snijd het vruchtvlees fijn. Schil en rasp de gemberwortel. Roer het mosterdpoeder los met 6 eetlepels water en laat dit even rusten.

2. Verhit de mosterdolie in een grote koekenpan. Voeg de rode peper, gember en gemalen specerijen toe. Roerbak ze 5 minuten op laag vuur.

3. Voeg de yoghurt en tomaten toe en roerbak circa 5 minuten. Voeg 1½ dl water toe en breng dit al roerend aan de kook. Blijf voortdurend roeren!

4. Voeg de aardappelen en het mosterdpapje toe en laat alles circa 5 minuten sudderen. Voeg zout toe. Schep de vis voorzichtig door de saus. Laat het gerecht met het deksel op een kier circa 5 minuten sudderen op halfhoog vuur. Schep tussentijds voorzichtig om.

Vis in uiensaus
Maccher kalia

Ingrediënten voor 4 personen
800 g verse zalmforel of andere visfilet · zout
1½ theel. gemalen kurkuma
3 uien · 3 tomaten
2 verse rode pepers
1 stuk verse gemberwortel van circa 4 cm
2 teentjes knoflook
3 eetl. ghee (geklaarde boter)
2 laurierbladeren
½ theel. komijnzaad
2 eetl. volle yoghurt
2 theel. mosterdolie
1 theel. garam masala

Niet duur

Per persoon circa:
1200 kJ/290 kcal.
23 g eiwit · 18 g vet
5 g koolhydraten

• Bereidingstijd: circa 45 minuten

1. Snijd de vis in stukken van circa 6 cm. Bestrooi ze met ½ theelepel zout en ½ theelepel kurkuma en laat dit intrekken. Pel de uien en snijd ze fijn. Was de tomaten en snijd ze in vieren. Was de rode pepers, verwijder steeltjes en desgewenst zaadlijsten en snijd het vruchtvlees fijn. Schil de gemberwortel, pel de knoflook en rasp beide.

2. Verhit de ghee in een ondiepe pan. Rooster laurier en komijn hierin 1 minuut op halfhoog vuur. Voeg de uien toe en roerbak ze donkerbruin. Voeg gember, knoflook, pepertjes en de resterende kurkuma toe en bak alles 2 minuten. Schep hierin de tomaten en de yoghurt 3 minuten om. Voeg 1½ dl water toe en breng dit aan de kook.

3. Draai vlak voor de saus kookt het vuur laag. Breng de saus op smaak met zout. Schep voorzichtig de stukken vis erdoor. Laat de vis afgedekt circa 10 minuten trekken op laag vuur.

4. Verdeel vlak voor het serveren de mosterdolie en garam masala over de vis. Schep zeer voorzichtig om. Serveer direct en geef er rijst bij.

Boven: Viscurry
Onder: Vis in uiensaus

VLEES- EN VISGERECHTEN

INDIAAS KOKEN

RIJST EN BROOD

Gekookte basmatirijst

Chawal

Basmatirijst is een van de oudst bekende rijstsoorten. Nomadenvolken troffen deze rijstsoort circa 3000 jaar geleden aan in de bergen van Kasjmir. Deze koninklijke rijst groeit nu aan de voet van de Himalaja, waar de gesmolten sneeuw de terrasvelden op de hoogvlakten bevloeit. De rijst heeft een fijn aroma: de naam basmatirijst betekent dan ook geurige rijst.

Ingrediënten voor 4 personen
250 g basmatirijst

Gemakkelijk te maken

Per persoon circa:
910 kJ/220 kcal.
5 g eiwit · 1 g vet
46 g koolhydraten

• Bereidingstijd: circa 45 minuten

1. Spoel de basmatirijst in een zeef af onder de koude kraan. Laat hem circa 30 minuten weken in koud water, zodat de korrels beter opzwellen tijdens het koken.

2. Laat de rijst uitlekken en doe hem in een pan. Voeg ½ liter water toe en breng dit aan de kook. Draai het vuur laag (of schakel de elektrische plaat geheel uit). Laat de rijst afgedekt in circa 15 minuten alle vocht opnemen. Schep tussentijds niet om.

Groente-saffraanrijst

Pulao

Ingrediënten voor 4 personen
400 g basmatirijst
2 zakjes saffraanpoeder (0,2 g)
25 g cashewnoten
6 eetl. ghee (geklaarde boter)
2 stukjes kassia- of kaneelbast (elk circa 5 cm)
5 groene kardemompeulen
5 kruidnagels · 3 laurierbladeren
20 g rozijnen
250 g diepvriesdoperwten-wortelmix
25 g amandelstaafjes · 2 eetl. suiker
zout

Als er gasten komen

Per persoon circa:
3200 kJ/760 kcal.
12 g eiwit · 38 g vet
92 g koolhydraten

• Bereidingstijd: circa 45 minuten

1. Was de rijst in een zeef en laat de korrels uitlekken. Doe de saffraan in een kommetje en schenk er 3 eetlepels kokendheet water over. Hak de cashewnoten grof.

2. Verhit de ghee in een pan op halfhoog vuur. Voeg kassia of kaneel, kardemom, kruidnagels en laurier toe en bak ze circa 2 minuten.

3. Voeg de rijst, rozijnen en groenten toe en bak ze circa 3 minuten. Voeg saffraan, amandelen, cashewnoten, zout en suiker toe en schep alles goed om.

4. Voeg 1 liter water toe en breng dit snel aan de kook. Draai het vuur laag (of schakel de elektrische plaat geheel uit). Laat de rijstschotel afgedekt in circa 15 minuten gaar worden en alle vocht opnemen. Schep tussentijds niet om.

Boven: Gekookte basmatirijst
Onder: Groente-saffraanrijst

RIJST EN BROOD

INDIAAS KOKEN

Ongerezen brood

Chapati

Chapatimeel is een speciaal mengsel van grof- en fijngemalen tarwemeel. Het is verkrijgbaar bij sommige toko's.

Ingrediënten voor circa 16 broodjes
400 g chapatimeel
2 eetl. ghee (geklaarde boter) of plantaardige olie
1 theel. zout

Vraagt wel wat tijd

Per stuk circa:
410 kJ/100 kcal.
3 g eiwit · 3 g vet
15 g koolhydraten

• Bereidingstijd: circa 1 uur

1. Doe meel, ghee of olie, 2½ dl water en het zout in een kom.

2. Kneed alles met de hand tot een zacht en glad deeg. Kneed het deeg minstens 15 minuten door. Vorm een bal van het deeg, dek deze af met een vochtige doek en laat het circa 20 minuten rusten.

3. Verdeel het deeg in 16 stukken en vorm hiervan balletjes. Rol deze op een met bloem bestoven werkvlak uit tot dunne, ronde deeglapjes die niet groter zijn dan de bodem van de koekenpan.

4. Verhit de koekenpan circa 5 minuten op halfhoog vuur.

Leg 1 deeglap in de pan en bak hem circa 1 minuut. Keer het brood en bak het aan de andere kant nogmaals 1 minuut tot het lichtbruin kleurt. Bak op dezelfde manier nog 15 chapati's.

5. Bewaar de chapati's in een pan met deksel zodat ze enigszins warm blijven en niet uitdrogen. Bak de chapati's zo kort mogelijk voor de maaltijd.

Gefrituurd volkorenbrood

Puri

Het is altijd een leuk gezicht de kleine platte broodjes als ballonnetjes in het hete vet te zien opzwellen.

Ingrediënten voor 15 broodjes
150 g volkorentarwemeel
½ theel. zout
2 eetl. ghee (geklaarde boter) of plantaardige olie
circa ¾ l plantaardige olie om te frituren

Verfijnd · Als er gasten komen

Per stuk circa:
480 kJ/110 kcal.
1 g eiwit · 10 g vet
6 g koolhydraten

• Bereidingstijd: circa 45 minuten

1. Doe meel, zout en ghee of olie in een kom en voeg geleidelijk ¾ dl water toe. Kneed alles met de hand in circa 10 minuten tot een glad en elastisch deeg.

2. Verdeel het deeg in 15 balletjes van gelijke grootte. Plet elk balletje en rol het op een met olie ingevet werkvlak uit tot een deeglapje van circa 15 cm doorsnee. Stapel de puri's niet, anders plakken ze aan elkaar.

3. Verhit de olie in een karhai of pan tot hij zeer heet is en er damp vanaf komt. Draai het vuur iets lager.

4. Leg 1 deeglapje in de olie. Druk het in het midden met een schuimspaan voorzichtig onder de olie, tot het broodje als een ballon opzwelt. Keer het broodje en frituur ook de andere kant goudbruin. Neem het broodje uit de pan en laat het uitlekken. Bak op dezelfde manier de rest van de puri's. Bewaar ze in een pan met deksel. Serveer ze direct.

Boven: Ongerezen brood
Onder: Gefrituurd volkorenbrood

RIJST EN BROOD

INDIAAS KOKEN

Gelaagd brood

Paratha

Ingrediënten voor 16 broodjes
400 g chapatimeel
2 eetl. ghee (geklaarde boter) of plantaardige olie
1 theel. zout
gesmolten ghee om te bestrijken

Vraagt wel wat tijd

Per stuk circa:
510 kJ/120 kcal.
3 g eiwit · 6 g vet
15 g koolhydraten

● Bereidingstijd: circa 1½ uur

1. Doe meel, ghee of olie, 2¾ dl water en het zout in een kom.

2. Kneed alles met de hand tot een soepel en glad deeg. Kneed het minstens 15 minuten door. Vorm een bal van het deeg, bestrijk deze met wat gesmolten ghee en laat hem circa 20 minuten rusten.

3. Verdeel het deeg in 16 stukken en vorm hiervan balletjes. Rol deze op een met bloem bestoven werkvlak uit tot dunne, ronde deeglapjes van circa 17 cm doorsnee. Bestrijk ze met wat gesmolten ghee en klap ze dubbel. Bestrijk ze opnieuw met ghee en klap ze nogmaals dubbel, zodat er driehoeken ontstaan. Rol deze driehoek uit tot elke zijde circa 20 cm lang is. Bestuif het deeg tussentijds met meel. Verhit een chapatipan of gietijzeren koekenpan op halfhoog vuur.

4. Bestrijk de pan met een beetje ghee, leg de paratha in de pan en bak hem circa 1 minuut op halfhoog vuur. Bestrijk het oppervlak van het broodje met ghee, keer het en bak het aan de andere kant nogmaals 1 minuut. De paratha is klaar als hij aan beide zijden goudbruin kleurt. Bak op dezelfde manier nog 15 paratha's. Bewaar ze in een pan met deksel zodat ze niet te snel afkoelen.

Gistbrood

Naan

Naan is het beroemde brood van de Mogols. Het wordt traditioneel gebakken in een tandoor-oven.

Ingrediënten voor 9 broden
circa 1½ dl melk
2 theel. suiker
15 g verse gist
500 g bloem
zout
1 theel. bakpoeder
2 eetl. plantaardige olie
1½ dl volle yoghurt · 1 ei

Als er gasten komen

Per stuk circa:
1065 kJ/220 kcal.
6 g eiwit · 5 g vet
47 g koolhydraten

● Bereidingstijd: circa 1½ uur
* Rusttijd: circa 1½ uur

1. Verwarm de melk tot lauwwarm. Roer de melk, 1 theelepel suiker en de gist door elkaar in een kommetje. Laat het mengsel afgedekt circa 15 minuten rusten.

2. Zeef de bloem in een grote kom. Schep er ½ theelepel zout en het bakpoeder door. Voeg de resterende suiker, het gistmengsel, de olie, yoghurt en het ei toe. Kneed het deeg grondig door. Laat het afgedekt op een warme plaats circa 1 uur rijzen.

3. Verwarm de oven voor tot 220 °C. Vet een bakplaat in met olie. Kneed het deeg opnieuw door en vorm er 9 balletjes van. Rol 1 balletje op een met bloem bestoven werkvlak uit tot een puntige deeglap van circa 1 cm dik, 25 cm lang en 13 cm breed.

4. Leg de naan op de bakplaat, schuif deze direct midden in de hete oven en bak hem 8 minuten. Wikkel het gare brood in een doek en bak op dezelfde manier nog 8 broden.

Boven: Gelaagd brood
Onder: Gistbrood

INDIAAS KOKEN

Gefrituurd plat brood met doperwten

Kotchuri

Ingrediënten voor 16 broodjes
200 g bloem
4 eetl. ghee (geklaarde boter) of olie
zout
150 g diepvriesdoperwten
1 theel. garam masala
½ theel. gemalen komijn
¾ l olie om te frituren

Gemakkelijk te maken

Per stuk circa:
750 kJ/180 kcal.
2 g eiwit · 14 g vet
11 g koolhydraten

• Bereidingstijd: circa 1 uur

1. Maak eerst het deeg. Meng de bloem, 2 eetlepels ghee of olie en ½ theelepel zout in een kom. Voeg 1½ dl water toe en kneed alles circa 15 minuten tot een soepel en elastisch deeg. Dek het deeg af met een vochtige doek en laat het circa 20 minuten rusten.

2. Pureer intussen de doperwten in een keukenmachine. Verwarm de resterende ghee of olie in een koekenpan op halfhoog vuur.

3. Roerbak de erwtenpuree circa 3 minuten in de pan op laag vuur. Voeg de garam masala, komijn en zout toe. Laat de vulling afkoelen.

4. Kneed de erwtenpuree zorgvuldig door het deeg. Kneed als het deeg te kleverig wordt, nog wat bloem erdoor.

5. Verdeel het deeg in 16 balletjes van gelijke grootte. Plet ze en rol ze op een met olie ingevet werkvlak uit tot deeglapjes van 1-2 mm dik en circa 15 cm doorsnee.

6. Verhit de frituurolie in een karhai of diepe pan tot zeer heet. De olie is heet genoeg als er rond een houten steel die erin wordt gestoken, belletjes opstijgen.

7. Leg 1 deeglapje in de hete olie. Duw de kotchuri met een schuimspaan voorzichtig onder de olie tot hij opzwelt als een ballonnetje.

8. Keer het broodje en frituur ook de andere kant goudbruin. Neem het broodje uit de pan en laat het uitlekken op keukenpapier. Bak op dezelfde manier de rest van de kotchuri's. Serveer ze direct.

Variatie
In plaats van doperwten kunnen voor de vulling ook aardappelen worden gebruikt. Neem hiervoor 3 middelgrote, bloemig kokende aardappelen, was ze, schil ze en snijd ze in stukken van gelijke grootte. Kook ze gaar in ruim water met wat zout. Giet ze af en druk ze terwijl ze nog warm zijn door een aardappelpureerder. Volg verder het basisrecept.

SALADES EN CHUTNEYS

Aubergine-yoghurt-salade

Baigan-ka-raita

Raita's worden in India bij allerlei gerechten geserveerd. Gebruik altijd naturel yoghurt van volle melk.

Ingrediënten voor 6 personen
500 g aubergines
1 stevige tomaat
1 verse rode peper
1 ui
2 eetl. olie · 2 theel. garam masala
zout
½ l volle yoghurt

Verfijnd

Per persoon circa:
330 kJ/80 kcal.
3 g eiwit · 5 g vet
5 g koolhydraten

• Bereidingstijd: circa 1 uur

1. Verwarm de oven voor tot 200 °C. Was de aubergines en kerf de schil op regelmatige afstanden in. Leg de aubergines op een bakplaat en bak ze in circa 40 minuten middenin de oven gaar. Keer ze tussentijds regelmatig.

2. Haal de aubergines uit de oven, ontvel ze en snijd het vruchtvlees klein.

3. Was de tomaat en de rode peper, verwijder hiervan het steeltje en desgewenst de zaadlijsten, snijd het vruchtvlees fijn. Pel de ui en snijd hem fijn. Verhit de olie in een koekenpan op halfhoog vuur en fruit de ui en de rode peper hierin.

4. Voeg de tomaat en de garam masala toe en roerbak circa 1 minuut. Schep de aubergines erdoor. Bak alles 3 minuten en neem de pan van het vuur.

5. Doe de yoghurt in een kom en schep de hele inhoud van de pan erdoor. Bewaar tot gebruik in de koelkast.

Yoghurt-komkommer-salade met tomaat

Kheera-tamatar-raita

Ingrediënten voor 6 personen
1 komkommer
2 stevige tomaten
1 middelgrote ui
3 dl volle yoghurt
1 theel. gemalen komijn
zout
1 eetl. plantaardige olie
1 theel. zwart mosterdzaad

Snel

Per persoon circa:
240 kJ/66 kcal.
2 g eiwit · 4 g vet
4 g koolhydraten

• Bereidingstijd: circa 20 minuten

1. Schil de komkommer en snijd hem in kleine blokjes. Was de tomaten en snijd ze klein. Pel de ui en snijd hem fijn.

2. Schep de yoghurt, de kleingesneden komkommer, tomaat, ui, de komijn en wat zout door elkaar in een kom.

3. Verhit de olie en rooster hierin het mosterdzaad heel kort. Schep het voorzichtig door de raita. Bewaar tot gebruik in de koelkast.

Muntsaus

Dahi Poodina

Ingrediënten voor 6 personen
50 g verse groene munt of 2 eetl. ingemaakte munt
2 dl volle yoghurt · zout
½ theel. gemalen komijn
½ theel. chilipoeder

Snel

Per persoon circa:
110 kJ/25 kcal.
2 g eiwit · 1 g vet
1 g koolhydraten

• Bereidingstijd: circa 10 minuten

1. Was de verse munt en snijd hem fijn. Vermeng alle ingrediënten. Bewaar tot gebruik in de koelkast.

Boven: Aubergine-yoghurtsalade
Midden: Yoghurt-komkommersalade met tomaat
Onder: Muntsaus

SALADES EN CHUTNEYS

INDIAAS KOKEN

Appel-chutney

Seb-ki-chatni

Chutneys worden in kleine hoeveelheden bij Indiase gerechten geserveerd. Ze kunnen scherp, zoet of pikant van smaak zijn en bevorderen de eetlust.

Ingrediënten voor 10 personen
1 kg zure appels
2 vers rode pepers
3 eetl. ghee (geklaarde boter)
2 theel. vijfkruidenmix (panch foron)
zout · 1 theel. gemalen kurkuma
1 theel. gemalen komijn
3 eetl. rietsuiker
2 eetl. citroensap

Kan van tevoren gemaakt worden

Per persoon circa:
500 kJ/120 kcal.
0,3 g eiwit · 6 g vet
16 g koolhydraten

• Bereidingstijd: circa 45 minuten

1. Schil de appels, boor ze uit en snijd ze klein. Was de rode pepers, verwijder de steeltjes en desgewenst de zaadlijsten en halveer ze.

2. Verhit de ghee. Roerbak de specerijen hierin circa ½ minuut op halfhoog vuur. Voeg de appels toe en bak circa 4 minuten. Voeg circa 10 eetlepels water toe. Laat de chutney afgedekt circa 20 minuten gaar koken.

3. Voeg suiker en citroensap toe. Laat de chutney zachtjes inkoken tot hij dik vloeibaar is. Roer tussentijds regelmatig om. Laat de chutney afkoelen.

Mango-chutney

Am chatni

Ingrediënten voor 6 personen
1 grote mango
2 vers rode pepers
2 theel. maïzena
½ theel. gemalen kurkuma
zout
100 g rietsuiker
1 eetl. ghee (geklaarde boter) of plantaardige olie
1 theel. zwart mosterdzaad
2 gedroogde rode pepers
⅛ theel. asafoetida

Gemakkelijk te maken

Per persoon circa:
520 kJ/120 kcal.
1 g eiwit · 4 g vet
23 g koolhydraten

• Bereidingstijd: circa 50 minuten

1. Schil de mango en snijd het vruchtvlees in reepjes van circa ½ cm los van de pit. Was de verse rode pepers, verwijder de steeltjes en desgewenst de zaadlijsten en snijd het vruchtvlees fijn. Roer een glad papje van de maïzena met 2 eetlepels water en zet dit apart.

2. Breng in een pan ½ liter water met kurkuma en zout aan de kook. Voeg de mangoreepjes en verse rode peper toe. Laat de chutney op halfhoog vuur circa 20 minuten koken. Draai het vuur hoger en laat de chutney nog 5 minuten koken. Schep de suiker en zout naar smaak erdoor. Roer de aangemengde maïzena erdoor en breng nogmaals aan de kook. Neem de pan van het vuur.

3. Verhit de ghee of olie in een kleine koekenpan. Voeg het mosterdzaad en de gedroogde pepers toe en rooster beide specerijen kort. Voeg de asafoetida toe en schep het specerijenmengsel uit de koekenpan door de chutney. Bewaar tot gebruik in de koelkast. Na het afkoelen wordt de chutney iets dikker.

Tip!

Indien gewenst kunt u de hete chutney direct na bereiding overdoen in glazen potten. Gebruik hiervoor geen metalen deksels. Op deze manier zijn de chutneys in de koelkast enkele weken houdbaar.

Boven: Mangochutney
Onder: Appelchutney

SALADES EN CHUTNEYS

INDIAAS KOKEN

Kokos-chutney

Nariyal-chatni

Ingrediënten voor 4 personen
200 g geraspte kokos
3 eetl. citroensap
1 ui
1 stuk verse gemberwortel van circa 6 cm
1 verse rode peper
2 eetl. plantaardige olie
1 eetl. zwart mosterdzaad
1 eetl. urid dal
zout

Gemakkelijk te maken · Verfijnd

Per persoon circa:
1200 kJ/290 kcal.
2 g eiwit · 14 g vet
39 g koolhydraten

• Bereidingstijd: circa 30 minuten

1. Pureer de kokos met ⅛ liter water en het citroensap in een keukenmachine.

2. Pel de ui en snijd deze fijn. Schil en rasp de gemberwortel. Was de rode peper, verwijder het steeltje en desgewenst de zaadlijsten en snijd het vruchtvlees fijn. Mix ui, gember en rode peper kort door de kokospuree.

3. Verhit de olie in een koekenpan op halfhoog vuur. Rooster hierin het mosterdzaad circa ½ minuut. Voeg de urid dal toe en roerbak circa 1 minuut. Roerbak de kokospuree circa 2 minuten in de pan. Zorg dat hij niet bruin kleurt. Breng de chutney op smaak en serveer hem koud.

Tomaten-chutney

Tamatar-chatni

Ingrediënten voor 4 personen
5 zeer rijpe tomaten (circa 300 g)
1 stuk verse gemberwortel van circa 3 cm
100 g rozijnen
5 eetl. suiker
½ theel. gemalen kurkuma
zout
2 theel. ghee (geklaarde boter)
1 theel. vijfkruidenmix (panch foron)
1 theel. venkelzaad
1 theel. komijnzaad
sap van ½ citroen

Niet duur

Per persoon circa:
740 kJ/180 kcal.
1 g eiwit · 3 g vet
37 g koolhydraten

• Bereidingstijd: circa 40 minuten

1. Was de tomaten en snijd ze in vieren. Schil en rasp de gemberwortel. Doe de tomaten, gember en rozijnen met suiker en ⅛ liter water in een pan. Breng dit aan de kook en laat het in circa 20 minuten zachtjes tot een dik vloeibaar mengsel koken. Voeg kurkuma en zout toe en laat alles nog circa 5 minuten koken.

2. Verhit de ghee in een kleine koekenpan op halfhoog vuur. Voeg de vijfkruidenmix toe, rooster dit even en strooi het over de tomaten. Schep alles goed om.

3. Rooster het venkel- en komijnzaad kort in een andere koekenpan zonder vet. Laat de specerijen afkoelen en maal ze fijn in een specerijenmolentje. Schep ze door de chutney.

4. Roer ten slotte het citroensap door de chutney. Neem de pan van het vuur. Bewaar de chutney tot gebruik in de koelkast.

Boven: Kokoschutney
Onder: Tomatenchutney

SALADES EN CHUTNEYS

NAGERECHTEN EN DRANKEN

Mangodessert

Malai am

Ingrediënten voor 4-6 personen
2 dl slagroom
2 theel. suiker
400 g mangopuree (blik of flesje)

Gemakkelijk te maken

Bij 6 porties per persoon circa:
730 kJ/170 kcal.
1 g eiwit · 11 g vet
18 g koolhydraten

• Bereidingstijd: circa 10 minuten

1. Klop de slagroom met de suiker stijf. Schep de mangopuree voorzichtig erdoor.

2. Verdeel het dessert over kommetjes en plaats ze tot gebruik in de koelkast. Serveer eventueel met geklopte slagroom.

Rijstmie in roomsaus

Semian

Ingrediënten voor 6 personen
1½ l melk · 1 eetl. boter
6 kruidnagels
1 theel. gemalen kardemomzaad
125 g Indiase of Pakistaanse rijstmie
100 g suiker
1 eetl. gemalen pistaches
1 eetl. gemalen amandelen
2 dl slagroom · 1 theel. rozenwater

Als er gasten komen

Per persoon circa:
2300 kJ/550 kcal.
13 g eiwit · 36 g vet
45 g koolhydraten

• Bereidingstijd: circa 40 minuten

1. Verwarm de melk tot het kookpunt en laat hem zachtjes koken. Laat de boter smelten in een grote pan. Rooster de kruidnagels en ½ theelepel kardemom kort hierin. Breek de mie in stukjes, voeg ze toe en roerbak ze tot ze lichtbruin kleuren.

2. Schenk de melk erbij. Laat alles circa 5 minuten op halfhoog vuur onder regelmatig roeren koken. Voeg de suiker, pistaches en amandelen toe en schep alles goed om. Draai het vuur laag en laat alles circa 15 minuten zachtjes koken tot het licht gebonden is.

3. Neem de pan van het vuur en roer de slagroom en het rozenwater erdoor. Doe het dessert in kommetjes. Strooi de resterende kardemom erover. Serveer het dessert warm of koud.

Wortelhalva

Gajar halwa

Ingrediënten voor 4 personen
400 g wortelen
5 eetl. ghee (geklaarde boter)
2 eetl. amandelstaafjes
2 eetl. griesmeel · 3 dl melk
3 eetl. suiker · 2 eetl. rozijnen
1 theel. gemalen kardemomzaad

Vraagt wel wat tijd

Per persoon circa:
2100 kJ/500 kcal.
5 g eiwit · 40 g vet
28 g koolhydraten

• Bereidingstijd: circa 1 uur
* Koeltijd: circa 1 uur

1. Schrap de wortelen en rasp ze. Verhit 3 eetlepels ghee in een pan op halfhoog vuur. Gaar hierin het wortelraspsel zonder deksel circa 20 minuten op laag vuur. Schep tussentijds regelmatig om zodat het gelijkmatig gaar wordt en niet aanbrandt.

2. Laat de resterende ghee smelten in een kleine koekenpan. Voeg de amandelen en griesmeel toe en roerbak ze circa 5 minuten. Neem de pan van het vuur.

3. Breng de melk met de suiker en rozijnen in een grote pan aan de kook. Voeg het wortelraspsel en de amandelgries toe en laat alles circa 15 minuten op halfhoog vuur koken tot de halva dik wordt. Blijf hierbij voortdurend roeren! Schep ten slotte de kardemom erdoor.

4. Stort de halva op een bord en laat hem circa 1 uur afkoelen. Snijd hem in stukken.

Boven: Mangodessert
Midden: Wortelhalva
Onder: Rijstmie in roomsaus

NAGERECHTEN EN DRANKEN

INDIAAS KOKEN

Gefrituurde balletjes in siroop
Gulab jamun

Ingrediënten voor 40 balletjes (8-10 personen)
750 g suiker
1 eetl. rozenwater
⅛ l melk
200 g melkpoeder
45 g bloem
1 theel. bakpoeder
1 theel. gemalen kardemomzaad
1 eetl. ghee (geklaarde boter)
½ l plantaardige olie of 500 g ghee om te frituren

Exclusief

Bij 10 porties per persoon circa:
1700 kJ/405 kcal.
1 g eiwit · 10 g vet
80 g koolhydraten

• Bereidingstijd: circa 1 uur

1. Breng in een pan 1 liter water met de suiker aan de kook en laat dit circa 5 minuten koken tot de suiker is opgelost. Voeg het rozenwater toe, roer even om en zet de siroop apart.

2. Verwarm de melk. Meng in een kom melkpoeder, bloem, bakpoeder, kardemom en ghee met de vingertoppen door elkaar. Schenk geleidelijk de warme melk erbij. Meng alle ingrediënten zorgvuldig tot een soepel en stevig deeg, dat bijna aan de handen blijft kleven. Voeg zo nodig nog wat melk toe.

3. Rol balletjes van circa 2 cm doorsnee van het deeg.

4. Verhit de olie of ghee in een karhai of pan op laag vuur. Het vet moet niet te heet worden: de balletjes moeten heel langzaam gefrituurd worden. Frituur enkele balletjes tegelijk in circa 15 minuten mooi gaar en goudbruin. Keer ze tussentijds regelmatig met een schuimspaan.

5. Controleer of de balletjes gaar zijn: neem er 1 uit de pan en leg hem in de siroop. Als het na 2 minuten nog niet uit elkaar gevallen is, is het gaar. Neem alle balletjes uit de pan en laat ze uitlekken in een vergiet. Leg ze in de siroop. Serveer ze koud of lauwwarm met de siroop. Dit dessert is afgedekt enkele dagen houdbaar in de koelkast.

Sojameel-balletjes
Moong laddu

Ingrediënten voor 20-25 balletjes (8-10 personen)
500 g moong dal
375 g ghee (geklaarde boter)
375 g poedersuiker
1 theel. gemalen kardemomzaad

Vraagt wel wat tijd

Bij 10 porties per persoon circa:
3000 kJ/710 kcal.
19 g eiwit · 49 g vet
49 g koolhydraten

• Bereidingstijd: circa 1½ uur
• Koeltijd: circa 1 uur

1. Maal de moong dal fijn in een graanmolentje. Rooster dit meel in een pan met zware bodem in circa 1 uur op laag vuur goudgeel. Roer hierbij zo mogelijk voortdurend! Laat het meel afkoelen.

2. Verwarm de ghee in een pan maar laat hem niet te heet worden. Voeg de poedersuiker toe, neem de pan van het vuur en meng ghee en suiker met de hand.

3. Werk het afgekoelde sojameel en de kardemom door het gheemengsel. Laat het mengsel even afkoelen in de koelkast als het te zacht wordt.

4. Rol van het mengsel 20-25 balletjes ter grootte van een walnoot. Laat ze 1 uur afkoelen in de koelkast.

Tip!
In de koelkast zijn deze balletjes vier weken houdbaar.

Boven: Gefrituurde balletjes in siroop
Onder: Sojameelballetjes

NAGERECHTEN EN DRANKEN

INDIAAS KOKEN

Zoete yoghurtdrank

Mithi lassi

Ingrediënten voor 4 personen
½ l volle yoghurt
½ l ijskoud water
4 eetl. suiker
ijsgruis (indien gewenst)

Gemakkelijk te maken

Per persoon circa:
530 kJ/130 kcal.
4 g eiwit · 4 g vet
18 g koolhydraten

• Bereidingstijd: circa 10 minuten

1. Klop yoghurt, ijswater en suiker met een garde of mixer door elkaar tot het oppervlak schuimig is.

2. Voeg het ijsgruis toe. Bewaar tot gebruik in de koelkast.

Hartige yoghurtdrank

Namkin lassi

Ingrediënten voor 4 personen
½ l volle yoghurt
½ l ijskoud water
1 theel. zout
½ theel. gemalen komijn
1 theel. citroensap
ijsgruis (indien gewenst)

Snel · Verfijnd

Per persoon circa:
320 kJ/175 kcal.
4 g eiwit · 4 g vet
5 g koolhydraten

• Bereidingstijd: circa 10 minuten

1. Klop yoghurt, ijswater, zout en komijn (op een snufje na) door elkaar met een garde of mixer.

2. Voeg het ijsgruis toe. Schenk de drank in glazen en garneer met de resterende komijn.

Variatie
In plaats van komijn kan ook (zoals op de foto) verse munt worden gebruikt.

Gekruide thee

Masala tshai

Ingrediënten voor 4 personen
1 stuk kassia- of kaneelschors van circa 5 cm
6 groene kardemompeulen
6 kruidnagels
½ l melk
suiker of honing naar smaak
5 theel. zwarte thee

Als er gasten komen

Per persoon circa:
500 kJ/120 kcal.
4 g eiwit · 4 g vet
16 g koolhydraten

• Bereidingstijd: circa 20 minuten

1. Rooster kassia of kaneel, kardemom en kruidnagels in een koekenpan zonder vet.

2. Breng in een pan ½ liter water met de geroosterde specerijen aan de kook. Laat dit afgedekt circa 10 minuten trekken op laag vuur.

3. Voeg melk en suiker of honing naar smaak toe. Neem de pan van het vuur, giet hierbij de thee en laat deze 3-5 minuten trekken. Zeef de thee en serveer hem direct.

Variatie
Ook gekruide koffie is zeer geliefd in India. Breng hiervoor 1 liter water met 1 liter melk aan de kook. Roer er 10 theelepels fijngemalen koffie, 4 groene kardemompeulen en circa 6 theelepels suiker door. Laat dit 3 minuten zachtjes sudderen. Zeef de koffie en serveer hem direct.

> **Tip!**
> Gebruik voor kruidige thee bij voorkeur Assam- of Nigrithee. Deze krijgt in combinatie met melk een mooie kleur.

Boven: Zoete yoghurtdrank
Midden: Hartige yoghurtdrank
Onder: Gekruide thee

NAGERECHTEN EN DRANKEN

Register

Gebruiksaanwijzing
In dit register zijn naast de namen van gerechten ook bepaalde populaire ingrediënten (zoals kip of aardappelen) opgenomen, met daaronder de desbetreffende gerechten. De namen van de ingrediënten zijn vet gedrukt.

A
Aardappelen
  Aardappel-bloemkoolcurry 52
  Aardappelcurry met maanzaad 58
Anijs 36
Appelchutney 82
Asafoetida 36
Aubergines
  Aubergine-yoghurtsalade 80
  Aubergines in mosterdsaus 56

B
Besan 39
Bloemkool
  Aardappel-bloemkoolcurry 52
  Eier-biriyani 54
  Gevulde pasteitjes 50
Brood
  Gefrituurd plat brood met doperwten 78
  Gefrituurd volkorenbrood 74
  Gelaagd brood 76
  Ongerezen brood 74

C
Chalni 35
Channa dal (kikkererwten) 39
Chapati-ata 39
Chutney
  Appelchutney 82
  Kokoschutney 84
  Mangochutney 82
  Tomatenchutney 84
Curry 36

D
Doperwten
  Gefrituurd plat brood met doperwten 78
  Witte kool met doperwten 60

E
Eier-biriyani 54
Eiercurry 60

F
Fenegriek 36
Foelie 36

G
Garam masala 36
Gebakken rammenas 54
Gebakken spinazie met uien 52
Geelwortel (kurkuma) 38
Gefrituurd plat brood met doperwten 78
Gefrituurd volkorenbrood 74
Gefrituurde balletjes in siroop 88
Gefrituurde groenten 46
Gekookte basmatirijst 72
Gekruide thee 90
Gelaagd brood 76
Gemberwortel 36
Gevulde pasteitjes 50
Ghee 39
Gistbrood 76
Groene kardemom 38
Groente-saffraanrijst 72
Groentekoekjes 46
Groentestoofpot met rijst en linzen 58

H
Halve kikkererwten met kokos 42
Hamal-dista 35
Hartige yoghurtdrank 90

I
Indiaas keukengerei 35

K
Kaneelbast 38
Karhai 35
Kerrieblad 38
Kikkererwten: Halve kikkererwten met kokos 42
Kip
Kipcurry 66
Kip in amandelsaus 66
Tandoor-kip 68
Kokos
  Halve kikkererwten met kokos 42
  Kokoschutney 84
  Okra's met kokosmelk 56
  Reuzengarnalen met kokosmelk 69
Komijn 38
Komkommer: Yoghurt-komkommersalade met tomaat 80
Koriander 38
Koriander: Rode linzen met verse koriander 42
Kruidnagels 38
Kurkuma (geelwortel) 38

L
Lamsvlees
  Lamsschotel met spinazie 62
  Rode lamsvleesschotel 62
  Scherp-zuur lamsvlees 64
Laurierblad 38
Linzen
  Groentestoofpot met rijst en linzen 58
  Rode linzen met verse koriander 42
  Toor dal-soep 44

M
Maanzaad, wit 38
Maanzaad: Aardappelcurry met maanzaad 58
Mango
Mangochutney 82
Mangodessert 86
Mangopuree 40
Masoor dal (linzen) 39
Mie: Rijstmie in roomsaus 86
Moong dal (mungbonen) 39
Mosterdzaad, zwart 38
Munt 38
Muntsaus 80

N
Nootmuskaat 38

O
Okra's met kokosmelk 56
Ongerezen Brood 74

P
Pannenkoekjes met kruidige vulling 48
Papadam 40
Paprikapoeder 38
Pasteitjes, gevulde 50
Peulvruchten 39

R
Rammenas: Gebakken rammenas 54
Reuzengarnalen met kokosmelk 69

Rijst
Eier-biriyani 54
Gekookte basmatirijst 72
Groente-saffraanrijst 72
Groentestoofpot met rijst en linzen 58
Rijstmie in roomsaus 86
Rode lamsvleesschotel 62
Rode linzen met verse koriander 42

S
Saffraan 39
Salades
Aubergine-yoghurtsalade 80
Yoghurt-komkommersalade met tomaat 80
Scherp-zuur lamsvlees 64
Sil en batta 35
Soja dal 44
Sojameelballetjes 88
Spaanse pepers 39
Spinazie
Gebakken spinazie met uien 52
Lamsschotel met spinazie 62

T
Tandoor-kip 68
Tandoori murg 68
Tawa 35
Thee: gekruidige thee 90
Tijmzaad 39
Tomaten
Tomatenchutney 84
Yoghurt-komkommersalade met tomaat 80

Toor dal (linzen) 40
Toor dal-soep 44

U
Uien
Gebakken spinazie met uien 52
Vis in uiensaus 70
Uienzaad 39
Urid dal (linzen) 40

V
Venkelzaad 39
Vijfkruidenpoeder 39
Vis in uiensaus 70
Viscurry 70
Volkorenbrood: Gefrituurd volkorenbrood 74

W
Witte kool met doperwten 60
Wortelhalva 86

Y
Yoghurt
Aubergine-yoghurtsalade 80
Hartige yoghurtdrank 90
Yoghurt-komkommersalade met tomaat 80
Zoete yoghurtdrank 90

Z
Zoete yoghurtdrank 90